Research on External Communication Paths of Confucian Culture
——Cognitive Perspectives of European and American Tourists

教育部人文社会科学研究规划基金项目（19YJA860018）

儒家文化对外传播路径研究
——基于欧美游客认知视角

齐荣军 仲蕾 李明明 著

华中科技大学出版社
http://www.hustp.com
中国·武汉

图书在版编目(CIP)数据

儒家文化对外传播路径研究：基于欧美游客认知视角／齐荣军，仲蕾，李明明著. — 武汉：华中科技大学出版社，2020.11(2025.8重印)
ISBN 978-7-5680-6734-8

Ⅰ.①儒… Ⅱ.①齐… ②仲… ③李… Ⅲ.①儒家-传统文化-文化传播-研究-西方国家
Ⅳ.①B222.05

中国版本图书馆CIP数据核字(2020)第240903号

儒家文化对外传播路径研究
——基于欧美游客认知视角　　　　　　　　　齐荣军　　仲蕾　　李明明　著
Rujia Wenhua Duiwai Chuanbo Lujing Yanjiu
——Jiyu Ou-Mei Youke Renzhi Shijiao

策划编辑：刘　平
责任编辑：余晓亮
封面设计：刘　婷
责任校对：封力煊
责任监印：周治超
出版发行：华中科技大学出版社(中国·武汉)　　　电话：(027)81321913
　　　　　武汉市东湖新技术开发区华工科技园　　　邮编：430223
录　　排：湖北新华印务有限公司
印　　刷：武汉邮科印务有限公司
开　　本：710mm×1000mm　1/16
印　　张：9.75
插　　页：2
字　　数：165千字
版　　次：2025年8月第1版第2次印刷
定　　价：48.00元

前言

　　作为东方文明古国，中国有着灿烂辉煌的历史，不仅拥有"四大发明"，还有儒家文化、书法、国画、京剧、武术、剪纸、皮影戏、园林建筑等诸多物质或非物质文化遗产，他们都对中国人的生活产生了或多或少的影响。其中，儒家文化自春秋时期孔子创立以来，已在中国社会存在了两千余年，其影响力触及国家制度和民众生活的方方面面，已成为中华民族精神不可分割的重要组成部分，其核心"仁""义""礼""智""信"也已成为衡量人物、判断是非的标准。儒家思想对中国人的影响深入骨髓，因此，欲了解中国人的品格和行事方式，必先了解儒家思想。

　　中国自改革开放以来，经济快速发展，国力日渐强大，国际影响力也日益增加，然而文化软实力仍有不足，国际文化话语权较弱，这与一个世界大国的地位颇不相称。为此，国家实施了"文化走出去"战略，一方面可加强东西方文明互鉴，另一方面可增强国与国之间的信任。作为中国传统文化的精髓，儒家文化的西方传播无疑是"文化走出去"的重要内容。从传教士利玛窦把儒家经典的译文传回西方，到21世纪初孔子学院的设立和发展，这一历史过程见证了儒家文化对外传播的伟大历程及取得的非凡成就。其间，众多中西方有识之士，如庞德、顾立雅、辜鸿铭、林语堂、杜维明等，都致力于儒家文化的西方传播，他们的儒家经典译本或著作为东西方文化交流做出了巨大贡献，也为当代儒家文化传播提供了不少便利。

儒家文化对外传播取得的成绩有目共睹，但目前对外传播路径短缺也是事实。要加快儒家文化的对外传播，当务之急是开拓更多传播路径，实现路径多元化。为此，本课题组在对欧美游客开展儒家文化认知调查的基础上，提出了多条儒家文化对外传播路径的可行性构想，并对路径实施中的关键问题提供了相关研究思路，供国家有关部门和研究者参考。

本书共分为七章，其中第三章由仲蕾撰写，第四章由李明明撰写，齐荣军负责其余各章的撰写及本书的统筹、规划等事项。

本书是教育部人文社会科学研究一般项目"基于欧美游客认知调查的儒家文化对外传播路径研究"（批准号：19YJA860018）的研究成果。感谢"教育部人文社会科学研究规划基金"的资助！

儒家文化对外传播路径研究——基于欧美游客认知视角

目录

儒家文化对外传播路径研究——基于欧美游客认知视角

第一章　文化与儒家文化

第一节　文　化

一、文化的定义

在中国古代，"文"指事物交错而产生的"纹理"，如《易经》中提到，"物相交，故曰文"，之后逐渐具有了文章、文采等意义；"化"指事物的性质或变化的状态，如《易经》中所说，"男女构精，万物化生"。在汉代的《说苑》中，"文化"二字出现在了一起，"圣人之治天下也，先文德而后武功。凡武之兴为不服也，文化不改，然后加诛"。在此句中，"文化"与"武功"形成对立之词，具有了文治和教化的意义。

在英语中，"文化"的对应词是"culture"，其拉丁文的源头是"cultura"，意为"种植""培养""教化"。现在的"culture"一词依然具有"文化""文明""种植""栽培""培育"等意义，与中国的"文化"含义有所区别，但基本含义一致。

到目前为止，文化一词尚无统一定义。原因之一是其内涵丰富，不易把握。另外一个原因则是，不同国家、不同民族，甚至不同学科，对其都有不同的理解，因此难以给其一个各方都能认可的定义。尽管如此，还是有学者试图概括其含义，相对来说，1871年爱德华·泰勒提出的文化定义比较具有影响力，"文化或文明，就其广泛的民族学意义来讲，是一个复合整体，包括知识、信仰、艺术、道德、法律、习俗以及作为一个社会成员的人所习得的其他一切能力和习惯"①。这一定义是描述性的，列举了其包括的内容，但并未就文化的特点做出详细说明。列举总是有限的，随着社会的发展，文化涵盖的内容可能也会有所扩大，因此这一概念虽对理解文化有所帮助，但不够全面。

1963年，文化又有了较为全面的定义，它是由人类学家艾尔弗雷德·克洛依伯所提出，"文化由外层和内隐的行为模式构成；这种行为模式通过象征符号而获致和传递；文化代表了人类群体的显著成就，包括它们在人造器物中的体现；文化的核心部分是传统的（历史地获得和选择的）观念，尤其是它们所带的价值。文化体系一方面可以看作是行为的产物，另一方面则是进一步的行为的决定因素"②。这一定义也是描述性的，但无疑其涵盖范围更广，内涵更丰富。文化由行为模式构成，表明了其哲学本质，文化不是孤立存在的，人的行为模式是其体现方式。而行为模式通过象征符号而获致和传递则表明文化的可传递性，即可传播性，同时也肯定了文化对外传播的特性。儒家文化能够对外传播，即是由这一特性所决定的。文化代表了人类群体的显著成就，包括它们在人造器物中的体现，这表明文化既包括精神层面又包括物质层面，拓展了文化范围，肯定了物质文化的存在和重要性。另外，该定义还强调了传统文化的核心地位，表明了文化的积累和传承功能，并说明了其对后续人类行为的影响。本书主要探讨儒家文化对外传播路径，体现的是文化的传递性功能，也在这一定义的涵盖范围之内，因此本书中的文化内涵就以此为据。

二、文化的特征

了解文化的特征很有必要，这关系到对待文化的方式特别是本书中对待儒家文化传播的方式。掌握文化的特征，可以更好地开展对外文化传播，使之更加符合文化传播方的意愿，以及更好地照顾文化接受方的感受，实现文化对外传播中的双赢。就本书的研究主题而言，与之关联的文化特征可以归纳为六类。

（一）文化是人类行为模式的体现

"从某种意义上说，文化是为人类生命过程提供解释系统、帮助他们对付

① ［英］爱德华·泰勒著，连树声译：《原始文化》，上海文艺出版社，1992年版，第1页。
②傅铿：《文化：人类的镜子》，上海人民出版社，1990年版，第12页。

生存困境的一种集体努力。而人类对自身生存行为的解释，则产生了共同价值体系。这种共同价值体系的制度化又反过来规范着人们的生存行为，决定他们与自然界进行物质交换的方式，调整他们在此生存活动中的相互关系。"[①]因此，文化是随着人类的存在而存在的，文化与人类共存。人在社会生活中，要与他人、社会和自然发生各种各样的联系，这些联系被总结成人们的社会经验，形成人们处理生活中各种问题的知识和参照，也就是文化体系。人的行为模式塑造了文化，而文化又反过来影响着人的行为。如果群体中有人违反了文化规范，就会受到道德的谴责或者法律的制裁，通过这种手段，文化得到进一步维护和发展。

（二） 文化具有民族性

不同民族因生活环境和生活习惯不同，会产生不同的行为模式，从而造就不同的文化。相反，同一个民族在生活习性、教育和处理问题的方式等方面具有相似性，会形成统一的文化体系。比如，在我国，草原文化和中原文化大不相同，因为草原民族居住地域广袤、生活环境相对恶劣，而中原民族则生活环境相对优越、人文气息也较为浓厚，因而形成了不同的地域文化。草原民族的文化特点往往是粗犷豪爽、热情好客、耿直坦诚，同时又有些不拘小节；而中原民族的文化特征则是温文尔雅、注重礼仪，但繁文缛节较多，待人接物也较为谨慎。

文化具有民族性，但也不否认文化具有一致性。再粗犷的民族，也有自己的法律和礼仪，再温文尔雅的民族，也有血性的一面。正是因为文化具有差异性和一致性，文化的互通和交流才成为可能。文化的民族性是民族特点的展现，本无优劣之分，但毕竟不同民族文化的形成原因不同，各民族文化中可能存在不同的特色，适当相互借鉴，实现文化沟通，不但可行而且十分必要，如此则为文化交流提供了依据。儒家文化诞生于中国封建社会早期，对人与社会、人与自然的关系做出了精密的推理和阐释，并为调节各种关系提出了独特而富有智慧的看法，即便是在今天，也具有极为宝贵的指导意义。儒家文化作为中华民族的骄傲，也是人类文明的瑰宝，开展对外传播是向世界贡献优秀文化精华、让世界有机会了解中国的慷慨之举。

①孙英春：《跨文化传播学导论》，北京大学出版社，2008年版，第13页。

（三）文化具有层次性

一般而言，文化属于群体所有，而群体是具有层次性的，因此文化也具有层次性。最高层次的文化是人类文化。人类作为一个整体，自然有属于整体的人类文化，比如人类具有的道德观念、社会制度和法律规章等。下一个层次则是各大洲的文化，比如美洲文化、欧洲文化、亚洲文化、非洲文化等，各具特色，如美洲文化中就有印第安特色文化，欧洲文化中就有古老的教堂文化等。再往下一个层次就是地区文化，如斯拉夫文化、阿拉伯文化、极地文化等。再往下就是国别文化。每个国家因相对独立，大都形成了自己独特的文化，如美国文化、中国文化、德国文化、法国文化、日本文化等。下一个层次就是一个国家内的地域文化，如中国国内有长江文化、黄河文化、泰山文化、梁山文化等。再往下就是公司或集体文化，一般而言，一个公司或集体因行事理念和工作作风的独特性而形成自己特有的文化。这类文化有自然形成的，也有人为主导而形成的。最后一个层次是家庭文化，即家风。每个家庭因为价值观不同，在处理问题、维护关系和培养孩子等方面会有所不同，因而形成独特的家风。

各层次文化之间的关系类似俄罗斯套娃，从最高层次的人类文化开始，高等级文化包含次等级文化，次等级文化又包含下一级文化，以此类推，直到最终的家庭文化。无论何种文化，都属于人类文化这一大的范畴，其共性是不言而喻的，这是各种文化间互通和交流的前提，也为儒家文化对外传播奠定了基础。

（四）文化具有连续性

文化是行为模式的体现，而人的行为模式短时间内一般不会发生大的变化，即使发生了自然灾害或政权更迭，文化也会以一种顽强的方式延续下去。主要原因有二：第一，文化是由人类群体在生活中形成的行为模式所构成，文化一旦形成，则会对人类群体产生反作用，对人类行为进行规范。人在适应这种规范后，会感受到文化带来的舒适和安全，反之亦然。因此，人类群体本能地抵制文化的剧烈变化，但能容忍小的改变。第二，为达到社会稳定的目的，统治者也不会轻易改变既有文化，否则会招致激烈的反抗，对统治不利。在人类历史上，大的文化变革几乎无一例外都会招致激烈反抗，最后或者变革失败，或者产生巨大的社会动荡，当然也可能在双方妥协后安定下来。如英国的宗教改革，在抛弃原来的罗马天主教后，另立起一个英国国教，人们原有的宗教文化观念受到极大的挑战，以致带来了几十年的腥风血雨，最后部分清教徒被迫出走新大陆，在美洲建立了殖民地，即今日美国的前身。

文化的连续性对文化对外传播的启发在于，儒家文化对外传播绝不是去改造他国文化，也无意去改造他国文化，而是从细微处有所影响，达到潜移默化的效果，使西方逐渐了解中国文化和思维，促进中西文化的顺畅交流。

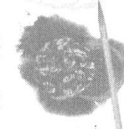

（五）文化属后天习得

文化是个体在群体中生活而逐渐获得的，一个中国人假如从小就在西方国家长大，他的文化观念就是西式的，而不是中国式的，说明文化是后天习得的。再比如，中国人从小就听人讲述关于"孝顺"的典故或故事，体会到父母抚养子女的辛苦和用心，也听说过"不孝有三，无后为大"的说法，因此"孝"在中国人的心目中占据极其重要的地位。西方文化中没有这种概念，自然西方人也难以理解。

这给了我们启发，儒家文化对外传播不见得一定到国外去传播，也可以利用机会让他国人员到中国来，在中国的环境中生活一段时间，加深对中国文化的体验和了解。

（六）文化是一个要素构成体系

文化包括多个要素，各要素之间互相影响，形成一个有机的体系。在这一体系中，各个要素不但自身可作为一个独立部分，而且与其他要素互相交织、融合，使每个文化要素在深层意义上也可展现其他要素的特征。如一提到"儒家文化"，人们会想到它属于东方文化以及与之相关的治国理念、法律制度、人际关系、治学方法、教育制度、人才培养、言语系统等。每一部分的变化都会带来其他部分的跟随变动，从而影响到整个系统的构成变化，使人感受到"牵一发而动全身"的系统威力。

三、文化的分类

（一）按照功能分类

文化按照其功能可划分为生产文化和生活文化。

生产文化是指人类在生产过程中逐渐形成的各种文化的总称，主要包括农业文化、工业文化和第三产业文化。生产文化的发展反映了人类技术的进步、工艺水平的提高和生产种类的增加。

生活文化则指与人类生活有关的各级各类精神文化，涵盖范围广泛，几乎包括了休闲、娱乐和健身方面的所有文化，如音乐、美术、舞蹈、电影、体育、健身、旅游、阅读、游戏、展览馆、网络、发明、手工制作、收藏、时尚等。

（二）按照等级分类

文化按照等级可分为高级文化、大众文化和深层文化。

高级文化是指与人的精神活动密切相关的文化，如哲学、宗教、文学、艺术等，这类文化可在一定程度上陶冶人的情操和提高人的人文素养。

大众文化指存在于一个国家和地区的、为普通人群所接受的文化，主要包括与风俗习惯、影视戏剧、通俗舞蹈、流行歌曲、饮食服饰、娱乐书刊等有关的文化。

深层文化指的是高级文化和大众文化深植其内的文化，比如中华民族在长期的历史发展过程中形成的中华文化就是深层文化。在中华文化之内，又逐渐孕育出儒家文化、道家文化、武术文化、书法文化、丹青文化等，并产生了与大众生活有关的风俗习惯、时尚影视等流行文化。

（三）按照层次分类

按照文化的内部层次，文化可分为物态文化、制度文化、行为文化和心态文化。

物态文化是指一切可触知的具有物质实体的文化事物，包括所有人类产出的物质产品及其生产活动。人类衣、食、住、行所需的一切物质都属于物态文化，具体有衣物服饰、粮食及成品、房屋建筑、交通工具和设施等。物态文化是人类生活的第一需要，在满足这一需要的基础上，人类才可能追求其他需要，正所谓"仓廪实而知礼节"。

制度文化是指为保证人类社会生存和发展而出现的用于约束人类自身行为的规范体系，包括长期形成的习惯行为模式和人为制定的制度约定。如祭祀祖先的习俗，虽然不是强制规定，但能体现对祖先的怀念，同时也是表达亲情、融洽人际关系的良好机会和方式。而法律和制度条文则是强制性的约束手段，是使人类行为符合底线的保证。这些习惯和制度共同维护人类社会的秩序，构成了人类特有的制度文化。

行为文化是指人们在日常生活和交往中各种行为方式和行为结果的总和，包括各种民俗、风俗和礼俗。行为文化在维护人际关系和社会秩序方面也起着重要作用，不遵守行为文化者会被视为异类而遭受群体的排斥，难以生存。各地的行为文化各不相同，短时间内难以融合，以致产生"南橘北枳"的结果。如在重视读书入仕的地方，舞枪弄棒会被认为是不务正业，而务农则会被认为地位低下；同样，在武术之乡，读书人会被嘲笑"手无缚鸡之力"。时代的不同也会产生不同的行为文化，如在古代，父母去世后，官员有"丁忧"制度，普通人要"守孝三年"，而在现代社会，这些习俗早已被视为封建糟粕而抛弃。总之，不同地域或不同时代的行为文化都会对人们的生活产生影响，对之"顺"或"逆"也会产生不同的后果。

心态文化是指"人类在社会意识活动中孕育出来的价值观念、审美情趣、思维方式等主观因素，相当于通常所说的精神文化、社会意识等概念，这是文化的核心"[①]。心态文化是人类生存所必需的，如在"苏武牧羊"的故事中，苏武表现出令人难以置信的坚强。他在远离汉都的北海牧羊几十年，如果没有对大汉王朝和君王的忠心及回到中原的决心，很难坚持下来，因此支撑他坚持下来的最关键的东西是他的忠君爱国价值观及相应的思维方式。

四、文化的组成要素

（一）认知体系

认知是一种心理活动，是人们认识世界、获取知识和解决问题的方式和能力。认知体系包括世界观、人生观、价值观、感知方式、思维方式等。认知体系和文化模式相互影响、相互作用，二者就是在不断的相互作用中产生变化和平衡。不同的群体认知体系会形成不同的文化模式，最典型的就是东西方的不同文化模式。在中国，儒家文化中"君权神授"思想的形成无疑受到"天人合一"世界观的影响。而人生观、价值观和世界观的形成也会受到文化模式的作

①韩晓燕：《新媒体环境下优秀传统文化传播机制研究》，经济日报出版社，2019年版，第64页。

用，如历朝历代重视科举和读书的文化使中国社会形成了"万般皆下品，唯有读书高"的人生观、价值观，出现了如"孔乙己"一类只知读书应举而不知其他营生为何物的读书人，导致了人生悲剧。

儒家文化作为中国人认知体系的产物，符合中国人的人生观、价值观和世界观，尽管现在的社会状况已不同于古代，但其中的核心思想仍得到了极大的延续。中国的认知体系作为东方代表，与西方国家大不相同，因此儒家文化的西方传播必然会导致大碰撞，表面上看是东西方文化的碰撞，实际上是认知体系的碰撞。而认知体系的改变并非易事，由此可以预料儒家文化的西方传播不会一帆风顺，会遇到不少困难。因此，对儒家文化对外传播的长期性要有适当预期，传播计划和目标要切合实际。

(二) 语言和非语言符号系统

语言和非语言符号是用来沟通和交流的工具，它们既是文化的一部分，同时又创造文化、传承文化。一般来说，不同民族或国家的文化对应不同的语言，因此理解某种文化往往需要对应的语言，这导致语言障碍在某种程度上会成为文化理解的障碍。

儒家文化在对外传播过程中，的确存在语言障碍。首先，儒家文化起源于两千多年前，对部分内容的理解目前在国内学者中尚存分歧，外语翻译难度自然不小。特别是由于生活背景和认知的差异，有些内容不易翻译，因此在儒家文化对外传播中，儒家文化典籍的翻译是个重点，也是难点。

(三) 规范体系

规范是约束人的行为及维护社会秩序的各种准则的统称，既包括约定俗成的道德、宗教、风俗、习惯、禁忌等，也包括明文规定的各种法律、条例和规章制度。它们确定与调整人们共同活动和相互关系的原则，使人们在约定的框架内行事，在保证整体利益的同时，也把整个社会结合成一个牢固的整体。规范体系是文化的组成部分，在同一文化模式中，因为规范体系的存在，人们对相互之间的行为能够做出适当的预测，但在跨文化传播中，不同文化中的规范体系使人们失去了这种预测能力，于是带来各种猜测和不信任，给文化传播带来困难。儒家文化在对外传播中所遇到的质疑和误解，与此有一定关系。

（四） 社会组织

任何文化中的人都存在各种社会关系，但社会关系不仅体现在人与人之间，还存在于各种社会组织之间，而且人与人之间的关系有时候更多地体现为社会组织间的关系。在各种社会组织中，家庭是最古老、最基本的社会组织，它是基于血缘、婚姻或收养关系而形成的亲属社会组织，因而任何人一出生就存在于家庭这一社会组织中，之后在成长和生活中又不断地主动或被动地成为各种社会组织的成员。各种社会组织承担着组织、管理、生产、分配、消费、教育等方面的功能，从这个意义上说，社会组织是人类文化中极为重要的构成部分，是调节社会关系和保证社会平稳运行的有力机构。

在不同文化中，必然存在相似的社会组织，如家庭、国家政府部门、各种社会团体、行业协会等，但也存在不同的社会组织，而且即使相似的社会组织在不同文化中也可能起着不同的社会作用，人们对社会组织的理解也有所不同，这为跨文化传播带来挑战。《论语》中有"父母在，不远游，游必有方"这一话语，体现了家庭和父母在子女心中的重要地位，即便在交通便利的今天，人们可以离家千里在外工作，但父母和家庭在中国人心中的核心地位仍不可忽视。每年繁忙的春运、浩浩荡荡的回家过年人群都揭示了这一点。而在国外民众看来，这似乎难以理解，因为对西方家庭来说，孩子成年后即可离家，或创业或工作，原生家庭的吸引力越来越小。离家被视为正常行为，待在家中反而被视为不可理解的事情。显然，对不同文化中社会组织的不同理解会对儒家文化的理解和对外传播产生一定程度的障碍。

（五） 物质产品

文化的物质产品，是指人类生产创造出来的产品或经过人类干涉或改造过的自然环境，如提供人类衣、食、住、行的各种物质都是文化物质产品，它们体现出人类的需要、目标、价值观和关注之处，正如爱德华·霍尔所说，"一切人造的物质事物都是对人类以往用其躯体或躯体的某一部分所做之事的延伸"①。中国文化物质产品曾在一定程度上改变了世界文明和历史发展进程，特别是四大发明对人类文明做出了巨大贡献，造纸术和印刷术使人们获取文化

---

① ［美］爱德华·霍尔著，刘建荣译：《无声的语言》，上海人民出版社，1991年版，第59页。

知识更加方便，使更多的人脱离愚昧；指南针的发明使环球航行成为可能，并且促使探险家发现了美洲新大陆，为欧洲受到宗教迫害的人们提供了极好的避难所。火药的发明改变了人与人之间力量的对比，权力不再为执掌刀剑的骑士所独有，结束了欧洲由封建庄园主统治的时代。火药还给人类实施大工程提供了可能，运河和水坝的大量建设就归功于此。在造福人类的同时，火药也给人类带来了无尽的痛苦，人类发动战争能力的增强也在更大程度上伤害着人的生命和健康。当然，要辩证地看待四大发明的负面作用，人的利用方式决定了其作用的好坏，而不是物质文化本身。

物质文化和非物质文化之间没有绝对的界限，而物质文化更加感性，容易吸引人的关注，因此把非物质文化融入物质文化中，可以起到更好的文化传播效果。在儒家文化对外传播中，也可以把其融入物质文化产品中，适当发挥物质文化的作用，如把孔子形象做成塑像、雕像或挂像等，在孔庙的孔子像前售卖，吸引国外游客作为纪念品购买，使人看到孔子塑像即想到孔子及其思想。事实上，目前已有孔子塑像在市场上售卖，但推介力度不够，国外游客似乎并不太关注，因此在儒家文化产品的推介方面还需要多下功夫，使购买这类文化产品成为一种风尚，在售卖的过程中同时带动儒家文化的传播。

（六）历史

历史是人类活动的记录，而人类活动受到文化的影响。不仅如此，文化本身还是历史的重要内容，因此历史和文化二者不可分离。在黑人文化中，伤痛是绕不过的主题。虽然黑人给人的印象是身体健硕、豪放不羁、能歌善舞，但无论其文学作品还是歌曲中，都弥漫着不同程度的忧郁和悲伤。如果联系黑人来到欧洲、美洲的历史，原因就会不言自明。黑人原居住于非洲，罪恶的奴隶贸易使部分黑人被迫离开家园来到欧洲和美洲，成了每天苦役劳作、生活悲惨的奴隶，更不用提那些在贩运过程中死去的黑人奴隶了。尽管黑人现在的地位有了大幅度的提升，但这段屈辱的历史是难以抹去的印记，他们还会在文化中不时显现出来，以悲伤的回忆提醒自己自由的来之不易。

文化和历史的交织和融合，使部分历史学家认为历史就是文化史，历史就是记录文化的发展历程。这种说法有道理，因为无论何种历史事件都有文化的影响痕迹在内。例如鸦片战争，实质上是经济利益驱动下的西方列强试图打开中国闭锁的大门，但在某种意义上也是两种不同文化冲突的结果。英国作为海洋国家，在与大海的搏斗中谋取生存之路，英国人必然充满冒险精神，思维活跃，商业意识浓厚。而封建社会的中国处于平原地带，农耕生活带来的自给自足给人以稳定和满足，人们睿智而内心平和，习惯于稳定的社会秩序，也希望保持这种稳定，当时清政府只开放广州一地与英国等开展贸易也是受这种文化的影响，避免整个国家受到干扰。然而英国扩大贸易的企图打破了这种稳定和平衡，这在当时，不仅清政府难以容忍，普通民众也难以容忍，因为两种文化的内涵截然不同。

同样，儒家文化对外传播必然引起文化的冲突，虽不至于兵戎相见，但心理冲击必然存在。"非我族类，其心必异"，这句话若以西方人为基点来说，也是成立的。由此可见，儒家文化对外传播遇到阻碍是必然的，毕竟两种文化的差异是客观存在的。解决办法是通过儒家文化传播，使西方国家了解儒家文化，而该传播因为文化差异又是困难的，于是就陷入了一个悖论。因此，当务之急不是传播儒家文化的深刻含义，毕竟那不是一朝一夕所能解决的问题，而是需要在西方国家把儒家文化这一名词广泛地传播，使之家喻户晓，直至变成他们日常文化的一部分，而后再进行儒家文化的深入传播就顺理成章了。

（七）地理环境

地理环境与文化的关系密切，因为地理环境在一定程度上制约着人类生活，"任何一种环境在一定程度上总要迫使人们接受一种生活方式"①，从而产生与之相适应的文化模式。就处于草原地区的人而言，草原的广阔和人烟稀少使那儿的人形成了粗犷和豪爽的性格，但自然环境的恶劣也让人变得凶狠和粗暴，两种性格使得草原文化呈现出好客和粗鲁的二重性。相比之下，平原地区的人则呈现出另一种文化特色。农耕和田园风光带来的心理安定以及稳定的社会秩序使人们的性格较为温和，待人礼貌有度，这种地理环境产生的文化自然更注重礼仪和学问。对此，中国即是一个典型的例子，"地形与气候条件使得地球上没有别的地方能在自然条件上比中国更适合于从事农业，这一事实对中国的文明起了决定性的作用，同时也说明为什么这种文明能够长期稳固地存在"，"如果不遭到外来的破坏，一种已达到的稳固的平衡可以保证他们以在过

---

① ［英］雷蒙德·弗思著，费孝通译：《人文类型》，华夏出版社，2002年版，第33页。

去多少个世纪的历史中已形成的生活方式一直生活到无限久远的将来"。[①]

植根于农耕文明的儒家文化与产生于不同地理环境的其他文化自然会有所不同，导致儒家文化的对外传播过程必然不会顺畅。不过，不论何种文化，都属于人类文化整体的一部分，其"以人类为中心"，"关心人类生存和人际关系和谐"的核心是一致的，因此儒家文化的对外传播也存在合理的基础。

第二节　儒　家　文　化

一、孔子生平

儒家思想的重要传承人物众多，有孔子、孟子、程颢、程颐、朱熹、陆九渊、王阳明等，但作为儒家学派的创始人，孔子无疑最能代表儒家学派，将其思想对外传播最为合适。因此，这儿的儒家文化主要是介绍与孔子有关的历史文化及其思想。

孔子(公元前551年—公元前479年)，名丘，字仲尼，鲁国（今山东曲阜）人。他是中国春秋时期著名的思想家和教育家。孔子和他创立的儒家思想对古代中国及周边国家如朝鲜、日本等都有着深远的影响，被后世尊为万世师表。

孔子的祖先原为宋国贵族，是商人后裔，为避宋国内乱，其曾祖房叔由宋国移居鲁国，房叔生伯夏，伯夏生叔梁纥，即孔子的父亲。叔梁纥孔武有力，当时为邹邑大夫，据说能以双臂托举城门，闻名于诸侯。叔梁纥72岁时与18岁的颜徵在结婚，生孔子。据传孔子出生前，颜徵在曾在鲁国尼山祷祝，之后孔子即诞生于尼山夫子洞。

孔子3岁时，其父叔梁纥去世，母亲带着他移居鲁国阙里居住，并教授其学习。孔子早慧，幼年时就与小朋友演习周礼。成年后做过管理田地和牛羊的小官吏，尽职尽责。虽然家庭贫困，但十分好学，在学习周易时，留下了"韦编三绝"的佳话，意思是因为经常翻动记载周易的竹简，导致连接竹简的牛皮绳断了多次，可见学习之刻苦和好学。不仅如此，孔子学习的内容也十分广泛，曾向师襄学琴，问礼于老子，在30岁左右便成为博学多才之士。之后便

① ［美］弗兰克·古德诺著，蔡向阳等译：《解析中国》，国际文化出版公司，1998年版，第7-20页。

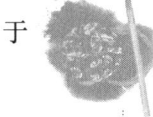

开门授徒，开启了中国私人办学的历史。其弟子达到三千人之多，其中闻名于世的就有72人，如颜回、子贡、子路、曾参、闵子骞等。

孔子读书、授徒，但仍有经世治国的愿望。在其35岁时，鲁国内乱，孔子到齐国避乱，曾被齐景公召见和赏识，但晏婴的阻碍使其在齐国大展宏图的愿望落空。回到鲁国居住多年后，51岁的孔子被任命为中都宰，政绩卓著，因此又相继被任命为鲁国司空和大司寇。其雄才大略和智勇兼备的治国之才在"齐鲁夹谷会盟"和"堕三都"事件中得到很好的体现，使鲁国在会盟中没有丢掉颜面，而且收回了原先被齐国夺去的汶上三城，为一直表现懦弱的鲁国争了一口气。遗憾的是，在"堕三都"中，受到当权"三桓"的强烈反对，孔子期望削弱"三桓"势力、加强鲁国国君权力的愿望未能实现。此时，鲁国国君和掌权的季氏接受了齐国送来的礼乐、美女、宝马，沉溺于享乐之中，孔子对其劝阻无效，感到治国抱负无法实现，无奈中只好出走，寄希望于他国国君的英明，意图在别处得到重视以实施其治世理想，于是开始了周游列国的旅程。

孔子倡导以"仁德"和"礼乐"治国，听起来颇有道理。如其所倡导的"德不孤必有邻"之说，意思是自己有德行，他人必然慕名远来，可在现实中，贪财好色的各国国君怎么可能放弃声色犬马而去修"德"呢？孔子所言"吾未见好德如好色者也"即是他们的写照。因此，各国国君表面上声称要实现霸业和天下太平，实际上是为了更好地满足自己的私欲而已。在这种情况下，孔子实现理想抱负的愿望必然落空，在周游列国的过程中"惶惶然如丧家之犬"，也就不足为奇了。

尽管如此，孔子带弟子们周游列国也不是没有收获，在开阔眼界的同时，以自己的言行对弟子们实施教导，使他们充分认识到孔子思想的深邃和品行的高洁。在卫国，国君对孔子的"仁德"治国方略似乎不太感兴趣，反而希望孔子能够传授用兵之法，以此攻城略地，扩大其疆域，收取更多的赋税供其挥霍，这与孔子的治国理想背道而驰。因此，尽管卫国国君给予孔子优厚的待遇，孔子仍认为道不同而选择离去。这一事例表明孔子不愿看到各国为利益而互相征战，体现了"仁者爱人"的理念。在匡地，孔子与弟子被匡人围困，弟子们惊慌失措，准备迎战，而孔子则先检讨自己的过失，发现没有大的过失后，便平静地在树下弹琴歌唱，显示出无畏的"勇"气，给弟子们树立了崇高的榜样。原来匡人曾受到阳虎的暴虐，而孔子则因为长得像阳虎而被他们围困。孔子的淡定举止使匡人意识到，这种良好的气质绝非暴虐的阳虎所能具有，因此误会得以解除。孔子之所以能在危险面前保持内心镇定，也是因为心中有"仁"。心中有"仁"，则言行不会有过失，没有过失，则无愧于天地和民众，自然无所畏惧。"仁"生"勇"，孔子以自己的行动诠释了由"仁"而"勇"的真实例证，比抽象地讲授"勇"更有说服力，这一幕对弟子们的震动很大，弟子们受益良多。不仅面对战争时孔子能够保持镇定，在其他危险面前，依然如此。"陈蔡绝粮"就是个极好的例子。孔子在陈国，遭到陈国和蔡国大夫的嫉妒，于是他们鼓动不明真相的人将孔子及弟子围困起来，粮米断绝多日，十分艰难，子路甚至开始发牢骚，但孔子依然淡定地安排部分弟子出外寻粮，自己则抚琴充饥，乐观地面对未来。果然，天无绝人之路，外出的弟子找到了粮食，他们平安度过危机，此举又给弟子们上了一课，教育他们如何面对困难和危险。

孔子周游列国，但没有机会实现自己的"仁德"治国理念，不得已在颠沛流离14年后，于公元前484年，回到了鲁国。虽然待遇很优厚，但仍未受到重用。在晚年，孔子到了"六十而耳顺""七十而从心所欲，不逾矩"的境界，这与年龄有关，更与其阅历和思想的成熟有关。周游列国的经历使孔子认识到规劝各国国君施行"仁"政已无可能，也不现实，"仁"不是靠几个人就能实现的，而是靠天下人的努力。因此，孔子此时专注于教育，并整理《春秋》等古籍，以期做到"诲人不倦"，把"仁"的理念传播得更广大、更久远。公元前479年，孔子离世，葬于曲阜城北的泗水岸边。众弟子为其服丧3年，子贡则守墓6年，以示崇敬。

孔子不仅倡导"仁德"，而且身体力行实践自己的理论，在日常生活中时时检讨自己的过失，力求做到完美无缺，最终达到了"圣人"之境。这种言行合一、正气浩然的君子之道，受到历代帝王的尊崇，也受到儒家士人的追随，从而在一定程度上塑造了中国人谦逊、仁义的品格，并对亚洲其他国家产生了深远的影响。

二、孔子的思想

(一) 仁

在《论语》中关于"仁"的表述多达109次，充分表明了"仁"在儒家思想体系中的重要地位。事实上，孔子思想的核心就是"仁"，但何为"仁"呢？

"子曰：'爱人'"①。"爱人"是"仁"的中心意义。因此，虽然《论语》中对"仁"的表述各不相同，但都是对"爱人"的阐发，同时也体现了"仁"的构成含义之复杂。但无论如何，最终还要归到"爱人"这一核心意义上面。

司马牛向孔子问仁。孔子说，"仁者，其言也讱"②。意思是仁人的言语是迟钝的、深思熟虑的。《史记·仲尼弟子列传》记载司马牛"多言而躁"，孔子对"仁"的这种解释显然是针对司马牛的特点而言，希望他能够谨言慎行，改掉急躁的毛病。根据经验可知，人若急躁，就难以认真思考，则口不择言，可能在言语中伤害他人，也就无法实现"仁"，即"爱人"。

仲弓也曾向孔子问仁。子曰，"出门如见大宾，使民如承大祭。己所不欲，勿施于人。在邦无怨，在家无怨"。意思是"出门（工作）好像去接待贵宾，役使百姓好像去承当大祀典，[都得严肃认真，小心谨慎。]自己所不喜欢的事物，就不强加于别人。在工作岗位上不对工作有怨恨，就是不在工作岗位上也没有怨恨"③。出门办事、使人做事都心存敬意，这是对人的尊重；自己不喜欢的事情，不会让别人去做，也是对他人的尊重，都是"爱人"的表现。不管在不在工作岗位，都不抱怨，也体现了对人的爱，即"仁"。

孔子自己有时候也会谈到"仁"，如"巧言令色，鲜矣仁"。意思是，"花言巧语，伪善的面貌，这种人，'仁德'是不会多的"④。说明"爱人"是发自内心的，是一种高尚的感情，是质朴的，不是可以伪装的，即使伪装也难以长久。花言巧语往往是为了给人留下好印象，以达到不可告人的目的。但真正的"仁"，不是为了好印象本身，而纯粹是为他人着想，所以花言巧语者往往不会真正地"爱人"，不会实现"仁"。

以上三则关于"仁"的解释，都围绕"仁"的核心思想——"爱人"。"爱人"的范围极广，任何方面都可能体现出来，因此不论孔子多少次提到"仁"，都不可能真正穷尽"仁"的意义，这也是为什么难以给"仁"下定义的原因。但是只要把握住"爱人"这一核心，在思想、言语和行动中都体现出来，就可以做到"仁"。"仁"没有界限，它可以体现在任何职业、任何身份之中。因此"仁"实际上与我们的生活无限贴近，并不是高不可攀的东西，只要有心，就

①杨伯峻译注：《论语》，中华书局，2006年版，第185页。
②同上，第175页。
③同上，第175页。
④同上，第4页。

可以发现它的存在，就可以实现它。比如，从教师角度而言，教师教授学生知识，这是一项工作，但教师如能秉持"爱人"的理念去做这项工作，耐心讲授知识、让学生明白人生道理或学得生活技能，则教师的所作所为就是"仁"。再细分一下，在讲授知识时，教师要根据学生的接受能力来施教，也就是因材施教，这也是"仁"的体现，否则不论学生懂不懂，都实行"填鸭式"教学，令学生难以接受、痛苦不堪，就是"不仁"。在布置作业时，如能按照学生的完成能力和需要适当布置作业，这也是"仁"。如果不顾学生的完成能力，布置一大堆作业，导致学生加班加点熬夜完成，以为是对学生负责，其实是把学生当成了机器，没有"爱心"，实为"不仁"。可以换位思考一下，如果你是学生，喜欢教师布置一大堆难以完成的作业吗？显然是否定的。"己所不欲，勿施于人"，就是希望能换位思考，不把自己不喜欢的事情强加于人，这就是"仁"。再从学生的角度来看，学生如认真学习，不辜负父母和教师的期望，即是对父母的"爱"，也就是"仁"。再细分一下，学生如能按时完成作业，让父母欣慰，让教师满意，就是"爱人"的体现。否则，学生完不成作业，既令父母难过，也让教师无可奈何，甚至大发雷霆，则为"不仁"。由此可见，"仁"可以体现在各个层面和角落，只要有"爱心"，就可以实现"仁"。

从以上分析来看，孔子周游列国得不到重用，是必然的。对各诸侯国国君而言，他们身在高位，如能体谅民苦、减轻赋税和劳役即为"仁"。但各国国君的奢侈生活就是依靠征收臣民的赋税而得，况且他们的享受之欲还在不断增加，只能不断增加赋税来满足更多的欲望，怎么可能做到"仁"呢？另外，各国国君如要"仁"，就必须与周边各国友好相处，但是各国之间正在为取得更多赋税和成就所谓"霸业"，而千方百计谋划夺取他国土地，怎么可能实现"仁"呢？因此，孔子的"仁德"思想对各国国君而言，只是说起来好听，却难以实现。正如前面所提到的教师和学生，如果都能按照自己的身份适当行事，就可以实现"仁"。但世界是复杂的，如果人心充满杂念和欲念，就难以做到"仁"。教师为实现升学率，可能会超额布置作业，虽知这样"不仁"，但为获取所谓工作成绩的欲念排斥了"仁"的善念，导致学生和家长怨声载道。对学生而言，则是另一种情况，虽然心里希望让家长和老师满意，但是做作业的辛苦如何抵得过玩耍的诱惑呢？于是教师抱怨学生不好管理，不按时完成作业。家长则抱怨孩子不听话，只知道玩耍。而学生则抱怨教师布置作业太多、家长管理太严格，甚至由此产生敌对意识。

因此，在现代社会中，"仁"的思想并未过时，社会中暗藏各种矛盾和冲突，症结就在于缺乏"仁"，缺乏"爱心"。而缺乏"仁"的关键又在于各种欲念的盛行，人被欲念支配，不得不放弃"仁"。如何解决这一问题呢？可以借鉴孔子的一段话，"富与贵，是人之所欲也；不以其道得之，不处也。贫与贱，是人之所恶也；不以其道得之，不去也。君子去仁，恶乎成名？君子无终食之间违仁，造次必于是，颠沛必于是"。意思是，"发大财，做大官，这是人人所盼望的；不用正当的方法去得到它，君子不接受。穷困和下贱，这是人人所厌恶的；不用正当的方法去抛掉它，君子不摆脱。君子抛弃了仁德，怎样去成就他的声名呢？君子没有吃完一餐饭的时间离开仁德，就是在仓促匆忙的时候一定和仁德同在，就是在颠沛流离的时候一定和仁德同在"[1]。这说明，君子顾惜名声，无论是获取财富还是谋取官职，都要合乎道德，不合乎道德就不做。今天的社会已不再讲究封建式"君子"和"小人"的称谓，都是公民，但其中蕴含的道理，仍然很有价值。如果整个社会都对守法守规者给予尊重，对违法违规之人加以唾弃，形成良好的社会风气，并改变对物质的过度崇拜，则人人都会顾及声名，在言行中不自觉地规范自己，进而在思想中形成为他人着想的"仁"的理念，就能实现孔子的大同社会理想。

（二）勇

"勇"是仁者必备的品质，"仁者必有勇，勇者不必有仁"[2]，可见"勇"乃派生于"仁"。因"仁"而"勇"，因大仁，而有大勇。孔子所指的"仁"不是针对一两个人或某个具体的人，而是针对所有人，当然首先是对鲁国人。在孔子生活的鲁国，国君几乎是个摆设，国家权力大都掌控在以季氏为首的"三桓"手中。"三桓"贪婪暴虐，导致政治腐败、民不聊生。这既不合乎礼制，也违反了"仁"。于是，孔子任鲁国代国相后，力图铲除以季氏为首的"三桓"势力，并以毁"三都"的行动开始。此举风险巨大，触动"三桓"的利益，犹如虎口拔牙，因此有弟子劝阻他不要惹怒季氏三桓，孔子则以"士不可不弘毅，任重而道远"鼓励众人，体现出其为实现"仁"而展现出的大无畏的

---

① 杨伯峻译注：《论语》，中华书局，2006年版，第50页。

② 同上，第206页。

"勇"气。

在现实生活中，也处处存在发挥"勇"的地方，有些人本身就勇武有力，因此在危险面前很勇敢，这不稀奇。但有些人本来胆怯弱小，却因"仁"而"勇"，如母亲为保护年幼的孩子而勇敢无畏，"女子本弱，为母则刚"，就是这个意思。《聊斋志异》中曾记载这样一个故事，一位母亲在夜间睡觉时，突然发现孩子被狼叼走，于是什么都顾不得了，一跃而起从窗户中跳出，骑到了狼背上，并对狼奋力击打，狼因恐惧而丢下孩子逃窜，母亲高兴得手舞足蹈，激动地向赶来的左邻右舍讲述经过，讲完才蓦然发现自己未穿好衣服。以弱小之身勇斗恶狼，来不及穿衣而不自知，如果没有对孩子无私的"爱"，怎能做到这一点？还有一个国外的母亲，当看到孩子被轿车压在车轮之下时，情急之中，竟然以一己之力把轿车抬起来，使孩子脱险。以上这些都是因"仁"而"勇"的例子，试想，如果每个人都怀有"仁爱"之心，从而迸发出勇敢精神，则整个社会都会为正气所笼罩，何愁社会不安定？

（三）礼

孔子主张以"礼"治国。尊"礼"则民众无僭越之心，社会秩序得以维护。"礼"看起来是一种形式，但本质是对秩序的遵守。只有遵守秩序，社会才能有序、和谐。季氏家臣公孙狃曾企图联合孔子推翻季氏等"三桓"，谋乱篡位，孔子以"道不同不相为谋"对之，既表现了孔子不与奸佞之徒同流合污的大无畏勇气，也体现了仁者君子忠于国家、以礼行事的高尚气节。孔子以"礼"行事，拒绝了公孙狃的狂妄企图，维护了鲁国的稳定，否则该国必定陷入内乱，以致生灵涂炭。因此，"礼"与"和谐社会"的理念是一致的。从国家内部来讲，"礼"能促进社会和谐，人民安定；从国家之间的关系来讲，"礼"能促进和平和友好。破坏"礼"，进而互相指责、相互攻伐，无疑是导致过去和当今世界纷争的重要原因。当然，破坏"礼"的根源在于贪婪和欲望，反过来，"礼"也意味着对贪婪和欲望的"制约"。贪欲不可避免，如果能够制约自己，克制贪欲，还是能够实现"礼"治的。遵守礼仪，意味着内心具有强大的制约力，这对个人和国家而言皆是如此。孔子坚守"礼"并试图影响他人，是勇于捍卫秩序的体现，此举与捍卫和平并无二致，是值得钦佩的。尊"礼"意味着对秩序的维护，因此"礼"被提到了极高的地位，"子路在临死前，不忘正冠结缨，不失君子形象的场景，强化了'礼'在其心中的重要地位"[1]。人在临死前仍然坚持的东西，必然是至关重要的，子路的行为生动地展示了"礼"的重要性，也加深了我们对孔子坚守"礼"的理解。

"仁"和"礼"不可分割，并且互为基础。"人而不仁，如礼何？人而不仁，如乐何"，说明有了"仁"才能正确对待"礼"和"乐"。而"克己复礼为仁"则表明克制自己的行为使之合乎"礼"，则能达到"仁"的境界。许多人认为，"礼"是外在的形式，并不重要，重要的是内在的东西。这种说法有道理，但不是孔子的本意。"礼作为仁之外在形式，是人文创造，但有其内在根源，反过来又能培育人的情感，巩固其仁德"，"难道礼就是实行那些外在的仪式吗？当然不是。礼是表达、满足和调节人的情感的，是实现仁德的"。[2]因此礼不仅是形式方面的东西，还有其深刻的内涵，"非礼勿视，非礼勿听，非礼勿言，非礼勿动"[3]，其中的视、听、言、动都不仅仅是感官的动作，而且是与人的内心紧密相连的，不合礼的东西就不看、不听、不说、不动，这是人在强大的意志力控制之下才能实现的，也体现了"爱人"的内涵。举例来说，现在社会的离婚率居高不下，原因多种多样，但夫妻一方看到别人的美貌或钱财或权势而放不下甚至出轨，就是重要原因之一。如果能够一开始就摒弃不合"礼"的东西，不看、不听、也不动，怎么会有那样的后果。另外，现在资讯的发达，也使得许多不合乎"礼"的东西出现在各类媒体中，而人们又很难做到不看、不听，最后逐渐被影响而做出不合"礼"的行为。娱乐圈经常爆出离婚、出轨、潜规则等，也与演员的职业有关，他们饰演或见闻太多不合乎"礼"的场景，免不了受到影响，长期浸润其中，容易发生变质。

因此，做到"仁"，还要从媒体的传播内容着手，首先使之符合"礼"，才能对人产生正面影响。另外，每个人都要自律，不符合"礼"的东西不接触，或接触后自动放弃，才不致产生严重后果。但是关于孔子讲的"礼"指的是什么，人们的看法各不相同。有人认为是周礼，也有人认为不是，但是不管是不是，现在已经不重要了。在当今社会，它应该有自己的含义，那就是现代的"法律和道德"。如果每个人都能使自己的言行符合法律和道德的规范，就没有

---

[1]邓伍英：《从〈孔子〉看电影服饰符号社会意义的表现》，载于《装饰》2010年第8期，第139页。

[2]蒙培元：《蒙培元讲孔子》，北京大学出版社，2005年版，第65页。

[3]杨伯峻译注：《论语》，中华书局，2006年版，第174页。

问题了，实现"仁"也就不是一句空话了。

孔子的"仁"学产生于遥远的古代，但其与现代社会结合的意义才是我们注重对外传播的东西。因此，儒家文化对外传播不是教条地重复孔子的言语，而是结合现代社会实践赋予其现实含义，才能令人信服和接受。

第二章 当代儒家文化对外传播及研究的意义

第一节 当代儒家文化对外传播的意义

早在三国时期，儒学即开始东传朝鲜，而传至日本则是在5世纪左右，比传至朝鲜略晚。儒学在包括朝鲜和日本在内的东亚各国的传播，是一种特殊现象，或者是已经超越了传播的含义，而是一种融入式的存在和影响，因此这部分内容不在本书的研究范围内，本书主要关注近现代意义上的儒家文化对外传播。

儒家文化对外传播最早可追溯到意大利的耶稣会士利玛窦，他在16世纪末将"四书"译为拉丁文并传回意大利，虽然客观上起到了传播儒家文化的作用，但其目的并非如此，而是基于以下考虑，"证明自己关于中国的见解最好的方式莫过于让欧洲知识界亲自阅读中国经典，所以中国典籍的翻译成为传教士的一项重要工作"①。之后不断有传教士翻译儒家文化典籍，其目的则又有不同。其中比较有影响的是几位传教士翻译的《西文四书直解》，其作者之一柏应理在导言中所展现的观点是，"他并没有把叙述中国人的智慧作为他的作品的主要目的，而是旨在用中国哲学的知识来武装传教士，从而给他们提供与非基督教徒作斗争的一种试验过的工具"②。到了近代，一些国外学者出于对

①严建强：《十八世纪中国文化在西欧的传播及其反应》，中国美术学院出版社，2002年版，第87页。
②同上，第87页。

中国文化的欣赏和尊重，开始翻译儒家经典，如埃兹拉·庞德（Ezra Pound）
1915年翻译了《诗经》部分章节，1928年翻译了《大学》，1954年又翻译了
《论语》全本，1969年发表著作《孔子：大学、中庸和论语》等；顾立雅（H.
G. Creel）1939年选译了《论语》，1952年选译了《孟子》；白英（Robert
Payne）1947年选译了《诗经》。他们的目的是让更多的西方人了解中国文化的
博大精深和智慧魅力，颇有"赠人玫瑰，手有余香"的奉献精神。同时，中国
学者也在向西方译介儒家文化经典，如林语堂1938年在《孔子的智慧》中编
译了《论语》《礼记》《大学》《孟子》等；梅贻宝1951年发表《荀子正名篇》，
1961年发表《荀子的教育思想：附英译第一篇劝学》；陈荣捷1967年发表著作
《近思录：朱熹与吕祖谦新儒学论集》等。中国学者是本着对传统文化的崇敬
以及加强中西文化交流的目的在传播儒家文化，希望中国的古老智慧能够得到
世界的了解和认同。客观而言，近现代西方学者和中国学者对儒家文化传播做
出了极大贡献，一些儒家经典的译本已然成为翻译领域的经典，成为国外学者
和民众了解儒家文化的教科书。然而，限于时世，儒家文化的对外传播仍然只
是小众事件，局限在很小的圈子里，即便孔子被誉为世界十大哲学家，其知名
度仍然有限。

随着中国的改革开放，国内和国际形势都发生了重大变化，经济、文化全
球化的步伐已势不可挡。中国文化对外传播，特别是儒家文化对外传播迎来了
历史性的机遇，这是时代的要求，也是国家的需要和民众的期盼，使当代儒家
文化对外传播具有了不同的意义。

一、提高中国文化软实力

改革开放后，伴随着一系列解放思想的举措和三个"有利于"的指导方
针，中国国内经济发展日新月异，国内生产总值多年保持高速增长，2019年，
中国已超越欧盟和日本，成为世界第二大经济体，对世界经济的影响举足轻
重。除了重视经济发展，中国政府也非常注重文化软实力的提高，为物质文化
和非物质文化遗产制定了保护和传承政策，大力发展文化产业，整个国家的文
化事业呈现出蒸蒸日上的发展态势。为促进文化交流，中国政府重视文化对外
传播并实施中国文化"走出去"的国家战略，在各国举办中国文化展示及交流

活动的同时，设立了 1000 余所孔子学院，在传播中国文化方面发挥了巨大作用，但受历史因素和意识形态的阻碍，中国文化的国际影响力仍然有限，国际社会对中国文化仍缺乏认同。为此，中国需要在以下几个方面加强与国际社会的合作和交流，把国内的文化产业推向世界，让世界更好地认识中国和中国文化，进一步提升中国文化软实力。

(一) 电影产业

作为文化产业的重要组成部分，电影传播和流动速度快，且直观性强，能够对观众直接产生影响，因此是国家文化实力的重要体现之一。电影的影响力直接由票房数量体现，它不仅是电影经济价值的反映，更是其文化价值观念受观众接受程度的衡量尺度，并进而影响观众的人生观、世界观和价值观。在过去的几十年里，许多中国电影走出国门，其技术水准获得了国际电影界的肯定，为中国赢得了荣誉，如大家都耳熟能详的《红高粱》获 1988 年第 38 届柏林国际电影节金熊奖；《霸王别姬》获 1993 年法国戛纳国际电影节最高奖项金棕榈奖；《大红灯笼高高挂》获 1991 年第 48 届威尼斯国际电影节银狮奖，并在 1992 年获得奥斯卡最佳外语片提名；《卧虎藏龙》2001 年获得包括奥斯卡最佳外语片奖在内的四项大奖。在以上电影中，除《卧虎藏龙》的北美票房为 1.28 亿美元、全球票房达到 2.7 亿美元外，其他中国电影的北美票房几乎可以忽略不计，反映出极低的国际观众认可度。而相应的国际电影如《复仇者联盟 4：复仇者之战》2019 年的票房收入为 27.98 亿美元，《阿凡达》在 2009 年的票房为 27.90 亿美元，《泰坦尼克号》在 1997 年的票房为 21.94 亿美元，仅举几例即可说明问题[1]。胡玫导演的电影《孔子》在国内被赞誉有加，也被寄予厚望，人们希望这部影片能够在国际电影节大展身手，为中国传统文化走出去树立榜样，但国内票房仅有 9088 万元，国际票房难以查到，或许票房未达到披露的最低线。获得奖项只能表示得到了评委的认可，然而文化的弘扬需要的是观众的认可，需要数量的积累。观众用票房表明了对中国电影的态度，或者说对中国电影展示中国文化的方式的态度。由此可见，中国电影文化产业走向国际仍有很长的路要走，以电影方式对外传播儒家文化的尝试仍须加强。

①上述票房数据来自网站 https://www.boxofficemojo.com/chart/top_lifetime_gross/?area=XWW。数据截取日期为 2020 年 4 月 9 日，数据保留两位小数。

（二） 电视产业

　　"在卫星电视发展基本成熟之后，我国就开始大力开展电视国际传播，并逐渐形成了目前中央与地方国际电视频道相互补充、传统电视传播与新兴视频媒体传播并用的格局。近年来，中国电视国际传播实现了快速发展，与此同时，挑战随之而至，既涉及体制机制、顶层设计等方面，也与产业发展、传媒布局相关。"①这段话表明我国电视产业的国际传播发展迅速，已经取得了较好的成绩。仅仅中央电视媒体层面就已开设了9个对外电视广播频道，如CCTV-4、CNC中文频道、CGTN英语频道等，涉及英语、法语、西班牙语、俄语、阿拉伯语和汉语6个语种。但另一方面，这些成绩与我们的对外传播目标仍有较大差距，电视节目的国外收视率一直表现不佳，除邻近国家如柬埔寨等国外，中国电视节目的观众有限，关注度较低。

　　中国电视国际传播的不利局面既与电视制作的体制有关，也与中外观众的观念差别有关。电视传播作为一种产业，必然要符合市场的要求，但国营体制的层级制度，使得民营资本介入困难，因此电视节目对市场的反应灵敏度较低，不能根据市场的需求及时做出回应，无法抓住稍纵即逝的机会。另外，国营体制的传播方式也决定了传播内容的宣传性较强，而娱乐性相对不足，节目吸引力有所欠缺。特别是长期以来，国外观众对中国的印象还停留在20世纪，甚至是清代，以一种偏见式的眼光看待与中国有关的一切，不自觉地排斥中国电视节目，导致其收视率不高。

　　另外，相对来说，中国电视剧制作精品不够多，再加上题材等方面的问题，难以获得国外观众青睐。相反，国外电视剧以令人难以置信的吸引力风靡国内，如20世纪80年代的日本电视剧《血疑》、20世纪90年代的美国电视剧《神探亨特》、21世纪初的韩国电视剧《大长今》，都让中国观众大开眼界，在国内风靡一时。这固然与长期以来的"崇洋"心理有关，但更重要的是，此类电视剧抓住了观众的心理和需要，而且它们在制作理念、制作技术等方面显然更胜一筹。对此，中国电视剧应该加以借鉴，有针对性地制作符合国外观众不同需求的电视剧佳作，既能传播中国文化，又能获得商业收益，实现一举两得。当然，最了解国外观众的是国外的导演和公司，因此中国电视剧制作要与

①李宇：《中国电视国际传播的挑战与应对》，载于《中国广播电视学刊》2018年第2期，第42页。

国外公司合作，要舍得投资，更要放低姿态，甘当小学生，不断向它们学习先进电视剧制作技术，以及学习如何合理满足观众需求。同时，加紧开发和建立电视剧的对外传播渠道，放弃为传播而实施的临时性打算，把眼光放长远，制订长期计划，脚踏实地、一步一个脚印地走出一条中国文化对外传播的电视传播路径。

（三）　动漫产业

进入 21 世纪后，随着计算机技术的飞速进步和互联网的普及，动漫产业也迎来了巨大的发展机遇。动漫产业在把传统文化题材和现代技术相结合的基础上，融入新的创意，具有传播传统文化和表达现代理念的强大优势，因此已成为文化创意产业的核心部分。世界各国都十分重视动漫产业的发展，将之作为彰显文化软实力和文化交流的有力工具。在这方面，美国一直走在前列，截至 2020 年 4 月 9 日，动漫产品《狮子王》获得 16.57 亿美元票房收入，《哈利·波特与死亡圣器(下)》获得票房收入 13.42 亿美元，《美女与野兽》的票房是 12.64 亿美元[①]。美国通过动漫产业获得了极大的经济效益，同时成功地传播了其文化，向其他国家输出了生活方式和文化观念，在潜移默化中受到其他国家民众的模仿和认同，不知不觉中实现了其文化的对外传播。

借鉴美国的动漫发展经验，中国也可以在这方面大有作为。首先，中国历史悠久，传统文化题材丰富，可以为动漫产业提供大量材料源泉。其次，中国自古以来就有皮影戏这种艺术手段，其表现手法和动漫极为相近，而且在长期的传承和创新中也创造了一系列优秀产品，为中国动漫产业的发展提供了大量素材和物质保障。然而，尽管中国有如此多的有利条件，国内动漫产业在国际上的地位并不突出，其主要原因在于人才和技术的缺失。人才缺失源自两个方面：一是传统文化艺人趋于老龄化，正在或已经出现断层，青年人不愿从事所谓的"老旧"行当，不但技术传承成本高，而且不够体面，不如从事现代行业光鲜，甚至不如到电子工厂打工更有面子。因此作为动漫基础的传统艺术如皮影戏、传统绘画、剪纸等手艺面临无法传承、无人可传的境地。目前国家已意识到该问题的严重性，已开始实施非物质文化遗产保护工作，传统艺术有望得

---

① 上述票房数据来自网站 https://www.boxofficemojo.com/chart/top_lifetime_gross/?area=XWW。数据截取日期为 2020 年 4 月 9 日，数据保留两位小数。

到保护和恢复。二是动漫制作需要较高的电脑技术和创新意识，而我国在这方面的起步较晚，相关人才较为缺乏，经验积累不够。一部分电脑设计和编程技术人员虽然电脑技术水平较高，但对传统文化的了解不够，不能将传统文化的精髓融入动漫创作之中，动漫成果缺乏灵魂，吸引力不足。且大多数动漫设计人才是在英美和日本动漫产品的影响下成长起来的，他们的思维模式倾向于国外动漫，加之对中国传统文化的宝贵价值缺乏深入了解，导致设计出的动漫产品不伦不类，既不能满足国内观众需求，也无法向世界展现中国传统文化的优势，产品推广困难，回报率较低，人才流失也越来越严重，导致动漫设计行业处境尴尬。对此，在动漫人才的培养方面，在注重技术的同时，更应该注重对其开展传统文化熏陶活动，培养创新意识，这样才能生产出真正符合顾客需求的精品之作。

(四) 文化出版对外传播

文化出版是对外传播的重要途径，也是凸显国家软实力的重要方式，但由于受观念和体制的影响，文化出版对外传播事业发展缓慢。到目前为止，阻碍其快速发展的各种因素依然存在。当前正处于实现"中华民族伟大复兴"的关键时期，"中国文化走出去"和"一带一路"成为国家战略，在这样的背景下，更应重视文化出版方面的对外文化传播，加大改革力度。为此，近年来我国国内出版业不断调整思路，在出版规划、资金投入、人才培养、翻译研究等方面持续发力，文化出版对外传播能力不断提升。

需要特别指出的是，为使出版内容和传播方式符合国外民众的需求，对外出版要努力实现本土化，以他们能够听懂和接受的方式"讲好中国故事"。要做到这一点，高级翻译人才的作用不可忽视。目前，国内已从两个方面开展工作：一是重用通晓国际交流方式、了解国外读者思维、熟悉国外读者阅读习惯、掌握语言翻译技巧的高级翻译人才，提高其薪酬待遇，使其安心工作；二是加大对这类高级人才的培养力度，在加强学校教育培养的同时，给他们提供到国外实习的机会，提高其实际翻译能力。

另外，针对对外出版行业的独特性，改变政策机制，实行灵活多样的奖励和激励机制也非常重要。"近年来，有关部门进一步加大了政策扶持力度。截至2016年底，'经典中国国际出版工程'共资助3000多种外向型图书，总金额近1.5亿元；'中国图书对外推广计划'共与71个国家的564家出版机构达成资助协议1454项，涉及2792种图书，47个文种。所有这些，使出版单位获得极大的支持，激发走出去的内生动力，走出去的积极性和自觉性得到很大的提高，由过去的政府推动'让我走'转变为企业主动'我要走'。据不完全统计，截至2016年底，我国出版企业在境外运营的各种分支机构及销售网点达到459个。"①体制和机制的转变激发了出版机构的对外传播积极性，下一步，需要出版机构在努力挖掘对外传播潜力、壮大对外传播实力上做文章，彻底改变文化出版对外传播方面的滞后局面。

（五）儒家文化典籍翻译及对外出版

"站在人类文明的高度来看，世界文化的源头一定包括孔子的思想及其文化创造。中国要立于人类文明的制高点并起引领作用，就必须将孔子的思想和文化成果发扬光大。向西方推介儒家典籍所蕴含的具有普世性的价值观，可以提高文化软实力的应用价值。"②因此，儒家文化典籍的翻译是儒家文化对外传播的重要途径，国外民众可以借此对儒家文化进行或浅或深的了解。然而，自传教士利玛窦翻译儒家经典开始，历经多位耶稣会士以及理雅各、庞德、林语堂、杨宪益、许渊冲、张培基等中外翻译者四百余年的努力，西方民众对儒家经典的了解与我们的期望值仍有不小的差距。以美国为例，据邱凌于2014年对美国大学生和一般民众所做的调查可知，对孔子和儒家思想非常感兴趣的比例只占3.13%，"对于'四书'包含书目选择'均不知道'的为131人，占81.88%；对于'五经'选择'均不知道'的为135人，占84.38%"③。这些数据表明西方民众并不像我们想象的那样关心和了解中国文化，连基本的儒家文化知识都不了解，更不用说深入了解儒家文化思想。

儒家典籍在国外的认知度不高，这是事实。邱凌的调查对象包含了许多大学生，鉴于大学生涉猎范围较广、知识传播较快的特点，如排除掉他们后，数据可能会更低一些。这种状况与儒家文化典籍的翻译技巧、水平、策略有关，

① 《我国出版走出去的六大新变化》，参见 https://www.sohu.com/a/291454976_120060294。
② 马静：《儒家典籍在英语世界的译介与接受研究》，载于《中州大学学报》2019年第1期，第88页。
③ 邱凌：《儒家思想在西方国家的公众认知与传播现状》，载于《对外传播》2015年第6期，第10页。

但也与儒家典籍对外出版的不力有关。国外能够以汉语进行阅读的人员数量极少，儒家典籍的翻译出版几乎是唯一可行的出版方式。因此，国家在鼓励对外出版的同时，还要特别注意加强儒家文化典籍的翻译出版工作，促进儒家文化的对外传播。

二、增进国际社会的信任

从文化的构成要素可知，地理环境因素对人的影响是深入骨髓的，会因之产生不同的人生观、世界观和价值观。自古以来，东西方民众的思维就存在较大差异，因而产生各种误解和冲突。自马可波罗在13世纪到达中国起，西方对东方文明古国中国的印象就一变再变。西方人在看了《马可·波罗游记》后，认为东方的中国物产富庶，遍地黄金，几乎等同于人间天国，一时间东方的特产和物品被人趋之若鹜，丝绸和茶叶成为西方上流社会钟爱的高档消费品。《马可·波罗游记》还直接刺激了西方航海家的东方探险之旅，哥伦布、达伽马等都是怀着对东方的仰慕而开始环球航行的，为东西方的进一步交流奠定了基础。之后随着耶稣会传教士的不断来华，西方对中国的了解增多，对其仰慕之情逐渐退却。特别是到了清代末期，西方资本主义的大发展令当时封建闭锁的中国显得特别落后和无能，西方国家开始以傲慢的姿态看待中国，并对中国的财富渐生觊觎之心。清政府的腐败为这种不良企图提供了温床，于是先后爆发了第一次和第二次鸦片战争。中国在战争中的失败和随后的巨额赔款甚至割地，更加剧了东西方的力量对比差异和人们的心理变化。至此，东方中国成了落后、懦弱的代名词，中国人成了西方人口中的"东亚病夫"。一直到1949年中华人民共和国成立前，中国都是以弱者的形象出现在西方视野中。

之后，又因为意识形态问题，中国和西方的交流大幅减少。直到中美建交和中国实施改革开放后，中国和西方社会才开始相互重新认识和评估对方。但长期的不融洽带来的信任危机难以短时间消除，为此中国在研究了解西方国家的文化或价值观的同时，需要向世界表达自己的想法和对世界的看法，使西方国家正确认识中国的实际状况，从而建立起相互间的信任关系，以减少误解和摩擦。这不但有利于我国自身的经济社会发展，更有利于实现"人类命运共同体"的共同进步和发展。儒家文化对外传播就是实现这一目的的重要环节。中国人两千多年来深受儒家文化的熏陶，思想和行为都带上了"仁""义""礼""智""信"的烙印。

西方人了解了儒家文化，就等于了解了中国和中国人，信任就可能由此建立。目前，在实现中华民族伟大复兴的背景下，儒家文化对外传播显得尤为重要，因为中华民族的复兴绝不是在闭关锁国条件下能够实现的，特别是当西方科学和技术仍然领先于中国的情况下，必须大力开展国际经济、科技和文化交流合作，以弥补我国的不足。而西方很多人对中国人的印象仍然停留在愚昧、落后等刻板形象上，显然不利于相互交流和合作的深度开展。西方对中国的了解欠缺，正是中国文化对外传播不足的体现，在这种情况下，更应该加强儒家文化对外传播，以纠正这种误解，改变其对中国的歧视性看法。

三、利于维护世界和平

儒家思想创始人孔子一直倡导以"仁""礼"治国，这种治国理念不仅适用于一个国家内部的管理，也适用于国与国之间的关系。从中国历史看，在儒家思想观念统领下的中国中原地带，历代君王一直致力于自身政治、经济和文化发展，同时与周边民族和国家保持互惠交往，这是"仁""礼"作用的结果。而周边民族却往往袭扰或侵入中原地带，给中原地带的统治来威胁，甚至有时会夺取中原地带的统治地位。不过，周边民族即便占领了中原地带，不久也会被儒家文化所同化，证明儒家文化的"仁""礼"观念具有巨大的包容力和同化力。儒家文化发源于中国平原地带，是因为农耕文明稳定的社会生活使人们更注重秩序的维护而保持相互间的友好。世界各地地理环境不同，其文化可能也各不相同，但现代社会的科学技术进步使人们受地理环境的影响逐渐变小，安享现代文明成果、与他人或他国友好相处、维护世界和平稳定成为世界人民的共识，因此儒家文化对外传播有其内在基础和外在需求。

在当今世界，和平虽为主流，但局部地区和部分国家因利益冲突或种族争端，常常发生外部冲突或内部混乱，即使一些看似和平的地方，也暗藏着爆发冲突或战争的危险。人与人之间的关系也愈来愈生疏，相互之间的信任感在不断降低。毫无疑问，这是现代社会经济发展与精神文明进步不匹配造成的后果之一。对此，东西方许多学者认为借助儒家文化的智慧也许能够帮助人们找回内心的宁静以及人与人之间的友好情感。在对儒家文化有着深入了解之后，人们就会发现，儒家的"仁"的确能够改变从人与人之间到国与国之间的关系，从这个意义上来说，儒家文化的对外传播的确利于世界和平。

第二节　儒家文化对外传播研究的意义

如果从利玛窦把"四书"的拉丁译文传回意大利国内算起，儒家文化的西方传播已达400余年。在这么长的时间内，儒家文化在其他国家的传播状况及接受情况如何？我们需要对此做一个清晰的了解，以便为儒家文化进一步对外传播做好计划和准备，并为制定新的传播政策和策略提供依据。这是儒家文化对外传播研究责无旁贷的义务，也是其意义所在。

一、利于开展儒家文化对外传播

（一）了解儒家文化对外传播现状

儒家文化对外传播研究可以帮助研究者和传播者了解儒家文化的传播现状，从而发现目前对外传播方面的不足，并设法弥补。目前，儒家文化对外传播的主要途径是孔子学院以及在各国定期和不定期举办的各类常规文化交流活动，其次是通过电影、电视、儒家经典外译等方式传播。

首先需要了解一下孔子学院在儒家文化对外传播方面的成绩和不足。为实现中国的"文化走出去"战略，1987年国家成立了"中国国家汉语国际推广领导小组办公室"，简称"汉办"，致力于为世界各国提供汉语言文化教学资源和服务，最大限度地满足海外汉语学习者的需求，并为携手发展多元文化、共同建设和谐世界做贡献。2002年，国家汉办开始在国外设立孔子学院，因此"国家汉办"又被称为"孔子学院总部"，专门从事孔子学院的管理工作。虽然名为"孔子学院"，但并非只讲授儒家文化，而是以帮助国外学生学习汉语为主。这样做的原因之一是，随着中国综合国力的增强，中国的国际吸引力也随之增加，很多国外民众迫切希望学习汉语，以便能够到中国开展经商、旅行、学习等活动，为满足这种需求，孔子学院开设了专门的汉语教学课程。在这种情况下，如果孔子学院仅开设儒家文化课程，对于那些期望搭上中国经济快速增长列车的外国人而言，可能并不合适，也会降低孔子学院的影响力。另一个重要原因是，儒家文化毕竟属于哲学范畴，想真正了解儒家文化，最好要有一定的中文基础，然后再进行深入学习才更有效。从这个意义上来说，孔子学院对儒家文化的直接讲授是有限的，但从另一方面来说，整个中华民族处于儒家文化的2000多年的熏陶中，与汉语有关的一切几乎都受到了儒家文化的影响，特别是中国人的为人处世之道中都蕴含着儒家思想的睿智，这在汉语教学中都是不可避免会提到的内容，因此从广义角度而言，汉语教学即是儒家文化教学，孔子学院也是名副其实。

　　自设立以来，孔子学院发展迅速，截至2019年12月10日，全世界有3万多所中小学开设了中文课程，4000多所大学设立了中文院系或课程，还有4.5万所华文学校和培训机构开展中文教育，全球学习中文的人数超过2500万人。162个国家和地区建立了550所孔子学院和1172个孔子课堂，在开展国际中文教育、促进中外人文交流、帮助各国朋友了解中国等方面发挥了很好的示范引领作用。① 根据对西班牙巴塞罗那孔子学院学生的调查，发现学生对体现儒家文化的"仁"等文化内涵给予较高的赞同，"在单个价值观选项中，受访者认同程度最高的是'仁'的思想即'人与人之间应该相互友爱、同情、互助'。其离散度也是最低的，这说明受访者普遍赞同中国传统的'仁'的思想"②；对匈牙利罗兰大学孔子学院的学生调查也表明学生对包括"仁""恕"在内的儒家文化表示认同，"'己所不欲，勿施于人'的儒家文化中的'恕'，与'国与国之间和平相处'的'和谐'观念是最受本次受访者认同的价值观，同时人与人之间的和谐相处和人与自然的和谐共处等价值观认同程度也很高，说明罗兰大学孔子学院的学习者对中国文化中的'仁'、'天人合一'等观念也有较高的认同度"③。孔子学院设立时间较短，是个新事物，在其发展过程中，既有赞扬之声，也有一些质疑和反对。两种态度都体现了对中国文化特别是儒家文化传播影响的关注，但需注意的是，疑虑和敌视不是由中国文化或儒家文化本身所导致，恰恰相反，是因对其缺乏充分了解。无论如何，都表明孔子学院已经产生了较大的国际影响，成了一种不可忽视的文化力量，这本身即是儒家文化对外传播的一项了不起的成就。未来应该继续加强对孔子学院的资助和支

① 《2019年国际中文教育大会在长沙闭幕》，参见 http://www.chinanews.com/sh/2019/12-10/9030138. shtml。

② 朱梦荻：《中国文化对外传播效果研究——以巴塞罗那孔子学院为例》，北京外国语大学2017年硕士学位论文，第36页。

③ 郑仝仝：《中国文化对外传播效果研究——以匈牙利罗兰大学孔子学院为例》，北京外国语大学2017年硕士学位论文，第33页。

持，使其能够进一步发挥中国文化特别是儒家文化的对外传播功能，扩大中国的国际影响力。

常规举办的对外文化交流活动包括"文化年""国家年""交流年""文化艺术展览"和"欢乐春节"等大型国际文化活动，还包括定期的中外文化团体交流、艺术团体交流等，增进了国外民众对中国文化特别是儒家文化的了解。海外中国文化中心也在文化推广方面发挥着重要作用，截至2020年，海外中国文化中心超过50家，成为全方位展示中国文化和国家形象的舞台。

在通过电影和电视传播儒家文化方面，目前还处于尝试阶段。例如，2010年胡玫导演的电影《孔子》，以艺术方式再现了孔子自51岁起至去世这一期间的事件，展现了孔子以坚毅的精神艰难传播其思想和以睿智的方式教育弟子的感人过程。孔子的思想和地位之高，毫无疑问加大了电影拍摄难度。作为以儒家文化创始人为题材的电影，国内总体评价较好，但国外反响不大，不过电影制作方敢于以电影方式表现儒家经典人物的"吃螃蟹"精神还是值得称赞的。电视纪录片《孔子》，则是由中国中央电视台、英国雄狮公司、中国国际电视总公司和中国山东大众报业集团于2015年联合拍摄，融合了东西方的不同视角和思维，在儒家文化对外传播方面也发挥了较大作用。

（二）发现儒家文化对外传播的不足

通过对现有儒家文化对外传播状况的研究，可以发现存在的问题及不足，并及时加以解决和完善。有调查表明，"绝大多数的美国人获取和了解有关中国的情况的途径仍然是通过美国的传媒与文化产品、美国的学校教育或家庭与社交圈的影响"，"近一二十年来，中国一直不断花大气力、大手笔打造中国自己的国际传播渠道，以期通过自己的而不是西方国家的传播渠道来传播中国的声音，并且已经建成了包括报纸杂志、广播、电视和网络媒体等各种媒介形式在内的、由先进技术和雄厚资金做支撑的国际传播渠道。然而，渠道虽然已经基本建成，但这些传播渠道并没有在真正意义上畅通传播，亦即还没能真正将中国的声音通过中国自己的国际传播渠道传播到其他国家的受众之中去，因此并没能够改变西方国家的受众仍然主要是通过西方国家的媒体来了解中国这一长期以来存在的基本状况"[1]。虽然这一调查的目的是针对美国人了解中国的

---

① 单波、刘欣雅：《国家形象与跨文化传播》，社会科学文献出版社，2017年版，第306-307页。

情况而不是了解儒家文化的情况，但中国的情况显然包含了儒家文化在内，仍然具有重要的参考价值。中国的事情需要通过美国媒体、学校和家庭社交圈传播，其内容的丰富性、可靠度及态度，与在中国传播是截然不同的，能否对美国民众起到积极的、建设性作用更无从知晓，起反作用也是有可能的，这一状况值得反思。

花费巨资打造的对外文化传播渠道没有起到应有的作用，需要查找原因。这样做当然不是否定中国对外文化传播方面的成绩和作用。事实上，在调查对中国情况了解的方式时，受调查的美国公众"回答是通过'英文版的中国媒体/文化产品'的只有105人次，占回答总数的18.6%"①，说明中国的付出也有回报，只不过未达到预期而已。对此，需要认真查找问题的根源，弄清到底是中国文化对外传播方式不合适，还是传播内容不适合国外公众接受，是资金投入的重点方向不准确，还是资金投入不充足等，这些都需要通过对外传播研究来寻找答案。当然，针对儒家文化对外传播效果问题，也需要儒家文化对外传播研究来回答。

（三）开拓儒家文化对外传播新路径

儒家文化对外传播如火如荼，特别是孔子学院声势浩大，引起孔子学院设置所在地的一些国家的部分学者甚至政府的警惕。这一方面说明孔子学院在中国文化或儒家文化对外传播方面的确做出了举世瞩目的成绩。但同时也反映了另一个严重的问题——孔子学院的这种突出地位即"一枝独秀"，恰恰反衬了众多其他对外传播方式的无力。更关键的是，即便是孔子学院，其直接影响力也是有限的，因为能够直接参加孔子学院学习的学生毕竟是少数，多数人还是停留在对孔子学院这一现象的口头讨论上。因此，开辟更多效果良好以及能够让更多国外公众了解儒家文化的对外传播途径，也是儒家文化对外传播研究的重要任务和课题。

研究开拓儒家文化对外传播路径，需要注意以下几个方面的问题。

1.路径研究应注重实际

现有的路径研究多半是务虚性质的，从路径研究的意义或方法出发，大发宏论，而对具体路径却无多少触及；也有研究从理论方面开展论证，看上去逻辑严

①单波、刘欣雅：《国家形象与跨文化传播》，社会科学文献出版社，2017年版，第307页。

密，却缺乏实际经验或可靠数据的支撑，可行性不够。因此，路径研究绝不是简单地提出一个文化对外传播方式即可万事大吉，而是需要既要有理论论证，又要有数据支持，还要就可能的路径做出一个详细的策划，对传播主体、传播内容、传播对象、传播方式、传播媒介、资金投入、传播效果等做出较为可靠的预估和论证，甚至还要开展必要的实验或实地考察，验证路径实施的可行性。

路径实施需要大量资金投入，而资金是有限的，没有可靠论证和研究数据支撑的路径实施不仅浪费资金，也浪费宝贵的时间。为此，研究者应开展务实的路径研究，探索可行的儒家文化对外传播路径，使中华民族的文化精华在全世界传播开来，既有利于世界共享这一伟大文明成果，也能促进各国对中国社会的了解，毕竟实现中华民族的伟大复兴，既需要国内民众的共同努力，也需要国际社会的安定和理解。

2. 路径研究应考虑受众感受

中西文化差异是天然形成的，面对中国儒家文化的对外传播，西方民众的感受既有好奇，又有困惑，甚至可能有反感。利用其好奇心理，打消其困惑，消除其反感，是儒家文化对外传播路径研究必须考虑的问题。中国儒家文化博大精深，非物质文化遗产极为丰富，且便于移动和演示，吸引国外民众的好奇比较容易。至于打消其困惑、消除其反感，则要从研究其思维方式入手，以符合其思维的传播方式达到文化对外传播的目的。如在文化翻译方面，要发挥外籍翻译者的作用，使译文的语言和思路对国外民众而言更加顺畅易懂。这一点极为重要，目前在国外传播比较广泛的儒家文化经典作品大多仍是国外翻译者的成果即是证明。另外，儒家文化对外传播切忌以灌输的方式进行，国内学习经典有背诵的传统，但西方民众更喜欢以讨论和独立思考的方式研究问题，因此设计何种具体传播方式能让他们更容易接受儒家文化，也是研究的重要内容。

3. 路径研究应考虑避开文化壁垒

"文化壁垒"是"基于文化差异主动反对外来文化在本土传播的措施"[①]，该定义表明，"文化壁垒"是跨文化传播的主要障碍。具体的障碍包括但不局

①王浩宁：《中国文化对外传播进程中美国文化壁垒研究》，河北师范大学2019年硕士学位论文，第9页。

限于以下几个方面：第一，各国政府的障碍。文化的差异会反映在政府层面，虽然西方各国政府支持开展文化交流，但前提是不会给他们带来威胁或危险，如文化差异过大，则会产生文化保护意识而抗拒文化交流。西方政府是儒家文化输入的第一道门槛，其态度会成为儒家文化对外传播需要逾越的第一个障碍。第二，媒体的障碍。文化传播对媒体具有极大的依赖性。在现代社会，媒体传播力量强大，无论是支持还是反对，都能发挥极大的作用。一般情况下，媒体和政府是一体的，至少在维护其国家利益方面，是一致的，这种情况可能导致媒体在传播国外文化方面起消极甚至阻碍作用。若媒体不传播国外文化，还可以通过其他直接渠道如人际交流传播。若媒体不仅不传播国外文化，甚至有意识地对其进行歪曲，可能在民众之中强化对异域文化的排斥心理，阻碍作用更大。第三，民众的障碍。一直生活在自己文化中的民众对外来文化会自然而然地产生抗拒和排斥心理，除非能够在外来文化中发现让他们感兴趣的方面，他们才可能接受或适应。但是要让他们对外来文化产生兴趣，必须大力传播外来文化，于是形成了一个悖论。

鉴于以上几点，应设法避开文化壁垒的阻碍，以使儒家文化对外传播顺利实施。要避开文化壁垒，有两个原则：第一，各种文化虽不相同，但有其共同的核心，比如西方民众广泛信仰基督教，基督讲"爱"，而中国民众信奉儒家文化，儒家文化创始人孔子讲"仁"，二者含义和范围虽有差异，但基本核心一致，儒家文化在西方国家传播时可重点介绍这一点，在得到认可后可再进一步深入传播。第二，各国文化相对独立，但全球化已使各国之间的交流成为常态，不少民众的思想也是开放的，为绕过文化壁垒提供了可能性。儒家文化在对外传播中可设法探索绕过文化壁垒的方法，或许可以就此找到儒家文化对外传播的可行路径。

二、利于传播研究和相关政策制定

儒家文化对外传播研究起步较晚，而且各领域研究之间的发展不平衡。通过现有研究，可以了解哪些领域已有较多研究，哪些领域研究还不够充分，从而协调或引导研究者将研究资源向薄弱领域倾斜，实现各领域的平衡发展。

根据目前所掌握的资料，笔者对国内研究成果依据内容进行了划分，大致可分为六类。（1）儒家文化对外传播状况研究。陆静（2019）、罗公利、李玉良（2010）等对儒家文化对外传播的目的、原则、现状、经验、问题、对策及传播策略等进行了总结并发表了个人看法，属于总括性研究。目前，这类研究已较为充分。（2）儒家文化在不同国家的传播情况研究。针对中国周边国家的研究较多，如吴飞（2019）、王嘉胤（2019）、范红海（2018）、孙婵娟（2017）等分别就儒家文化在日本、韩国、越南、俄罗斯等地的传播开展了研究，但未能完全覆盖"一带一路"国家。相对而言，针对欧美国家（张西平，2016；陈薇，2014）的研究较少，且缺乏针对具体国家的研究。近年来也出现了针对拉美国家的传播研究（孟夏韵，2019），表明儒家文化对外传播和研究力度显著增加，但针对各地的研究仍不平衡。（3）孔子学院、传统媒体和新媒体的传播作用研究。探讨孔子学院（张乾元，2017；冯小玲，2014）及影片或纪录片《孔子》（耿敬北，2018；张楠楠、杨梦溪，2016）在儒家文化传播方面作用的研究较多，而针对新媒体传播的研究（贺海霞，2015；陈晓蓉，2013）相对较少，且最新成果不多，与新媒体发展的日新月异极不匹配，因此加强新媒体传播路径的开拓极为必要。（4）儒家经典翻译研究。刘丽（2019）、赵丹（2014）等就儒家经典翻译中的译介主体、受众意识和翻译策略等方面开展了研究，并提供了部分范例，但总体研究仍以理论探讨居多，且缺乏受众反馈，无法全面体现译本质量。（5）儒家文化对外传播效果研究。这类研究既有理论探讨，如左蒙（2018）、李怀亮（2018）等；也有调查研究，如郑仝全（2017）、吴瑛（2012）等。它们多以孔子学院为研究对象，在凸显其重要性的同时，也暴露出其他传播路径的严重短缺。（6）儒家文化对外传播路径研究。此类研究或借鉴古代经验为当代中国文化"走出去"探寻路径（杨威、关恒，2015），或分析目前儒家文化对外传播的可选路径（赵迎芳，2017；苟德培，2015），其中不乏真知灼见，但总体而言，目前研究数量不足，研究质量也有待提高：理论分析偏多，而可行性研究较少，相关建议路径的实践转化能力不强。国内研究表明，儒家文化对外传播研究已取得巨大进展，但仍存在诸多短板，其中尤以路径研究为甚，这种状况亟须改变。因此，国内路径研究应以务实为本，多开展可行性研究，探索具有实践转化潜力的有效路径。

结合上述研究情况，研究者可针对薄弱环节开展研究，在补足短板的同时，对我国儒家文化对外传播政策和策略的制定提出建议，如加强孔子学院的建设和投入、开拓更多实用路径的研究等，以实现儒家文化对外传播的路径多元化，增强传播效果。

第三章　儒家思想的对外传播

"外来思想必须有改变，适合本国思想，乃能发生作用。不然则不能为本地所接受，而不能生存。所以本地文化虽然受外边影响而可改变，但是外来思想也须改变，和本地适应，乃能发生作用。"

——汤用彤[1]

两千多年前，孔子创立儒家思想，即儒学。在源远流长的中华文明进程中，儒家思想成为中国传统文化的核心思想和最重要的根基。儒学之所以能够产生如此深远的影响，原因就在于从其产生之日起，便能因时而变，积极面对不同时代所提出的历史使命。[2]儒家思想是中国的，它植根于中国，但是不止于影响中国的政治和文化。儒家思想早已跨出国门，走向世界，在各国间文化交流的进程中也总能体现它的影响。本章将以儒家文化在美国的传播为例，简要介绍其在西方国家的传播情况。

儒家思想在美国的传播主要分为三个阶段。第一阶段是19世纪30年代到20世纪初。自19世纪30年代起，许多传教士到中国传播基督教，并写下了许多有关儒家思想的文字。卫三畏（Samuel Wells Williams）于1848年出版《中国总论》（*The Middle Kingdom*），是美国人介绍中国的第一本综合性学术著作。他对孔子给予了高度评价，并认为《论语》是历史上除《圣经》之外任何书籍都无法相比的伟大著作。从1870年开始，中国和儒家思想的研究工作，在耶

---

① 《汤用彤全集（第五卷）》，河北人民出版社，2000年版，第280页。
② 成积春：《孔子与儒家文化》，内蒙古人民出版社，2011年版，第31页。

鲁大学、哈佛大学以及加利福尼亚大学扎根、发展。[1]

20世纪早期是第二阶段，美国学者对儒家思想的普遍态度可分为两大阵营。一些受韦伯(Max Weber)影响比较大的学者认为，儒家思想比不上以基督教为基础的西方文化，而且其也是当代中国社会停滞落后的主要原因。以汉学家顾立雅（Herrlee Glessner Creel）为代表的另一派学者肯定了儒家思想中人际关系的价值，并将孔子看作人类历史上最重要的人物之一。顾立雅认为，儒家思想在影响启蒙时代方面发挥了建设性作用。

20世纪末期是儒家思想的学术研究得到蓬勃发展的时期。许多来自中国的新儒学学者移民美国。他们与黑格尔和康德等西方哲学家交往，重新诠释古典文本，并对所谓"全球民主化"和20世纪下半叶的法治做出回应。在此期间，出现了许多专注于中国和儒家思想的研究机构，美国学者对儒家思想和中国文化的兴趣与日俱增。

在当代，随着社会的发展，国际局势的变幻，海外儒家思想的研究不仅仅局限于对儒家经典的翻译和解读，而是更多地关注和讨论儒家思想在美国社会中存在的现代意义，以及在中国和东亚地区以外学习和实践儒家思想的能力。具体来说，美国儒家学者讨论的主要内容包括儒家思想中的"仁"和"礼"，儒家思想在全球对话中的作用以及其与西方所谓的"普世价值"的关系。在美国，研究儒家思想的学者通常都是在大学哲学系或宗教系任教的学者。将儒家思想归类于宗教、哲学，还是归类于传统，一直在美国学术界存在争议。

儒家思想不仅是理论探索的主题，还涉及试图改善自己和世界的实践。美国当代的儒家思想学者对礼节的继承（儒家传统的历史实践）不太关注，而是强调了儒家思想在实践上对人们在道德生活方面的指导，即人在世界上的感知和行为方式。安靖如（Stephen Angle）在《当代儒学政治哲学》中指出，如今如何实践儒家思想并不像以前那么简单，因为20世纪前中国社会有多种可遵循的道路，其中部分原因在于其根深蒂固的生活仪式。儒家思想的现代实践可以从批判性的现代创新中受益，例如广泛的政治参与、法治和积极摆脱社会压迫。[2]

将儒家思想归为哲学的争论与围绕中国哲学和翻译问题的争论有关。中文

①程志华：《19-20世纪美国儒学研究概述》，载于《学术探索》2014年第1期，第112页。

②Angle S C. Contemporary Confucian Political Philosophy. Wiley, 2013：2.

"哲学"一词是 20 世纪初期出现的日语翻译。胡适的《中国哲学史纲要》（1918）和冯友兰的《中国哲学》（1934）确立了儒家思想的哲学观。部分西方哲学家质疑儒家思想的形而上学的复杂性，而来自中国的反对意见则认为将儒家思想归为哲学，背离了传统的关键方面。

"Confucius"这个英文单词，至少对应五个不同的中文术语：儒家思想、儒家、儒教、孔教和孔子主义。最后两个相对而言是最近出现的新术语。前三个翻译都围绕"儒"而不是孔子的名字，其结果是一些西方学者更倾向于将和"儒"相关的思想称为"Ruism"。宋斌用"Ruism"一词代替了"Confucianism"。他认为"Confucianism"意味着孔子教义的绝对权威，而"Ruism"一词更能体现他在孔子、孟子、王阳明等儒家思想家教导中所见到的批评精神。宋斌寻求揭示"Ruism"的精神层面，认为它鼓励自治和批评，背离宗教教条主义。①

第一节　儒家经典的传播与传教士的作用

传播是人类的天性。从古至今，不论文化/地区或者其他背景，一切人都具有天生的传播能力。像文化一样，传播也是人类社会的需要。传播也总是发生在人的层次上。人们互动时，个人内在的交流和人与人之间的交流就会发生。传播和文化两者都很重要。在跨文化的语境中，它们也联系在了一起。②

经典作品的对外翻译，可以使原本因为语言原因被孤立的人们，更好地理解外部文化。被翻译的作品反映了作者及其所在文化背景下的价值、理念和思想。当人们翻阅译作时，就打开了一扇了解其他文化积累的智慧和古老知识的大门。由于每种语言都有自己明显的特点，加之译者对原著的诠释和重新创作，既能文化正确地表达内容，又能语言恰当地传递信息，是一直以来经典作品对外翻译所面临的挑战。"四书五经"是儒家文化的经典代表，是历代儒家思想追随者和研究者的核心书经，在中国的传统文化的诸多文学作品中，占据着相当重要的位置。"四书五经"详细地记载了我国早期思想文化发展史上政

①参见 https://binsonglive.wpcomstaging.com。

②Michael H. Prosser, The Culture Dialogue, 北京大学出版社，2013：1.

治、军事、外交、文化等各个方面的史实资料以及孔孟等思想家的重要思想。儒家经典在西方得以传播，也主要是"四书五经"外译本在西方文明语境下的传播。

儒家经典的对外传播，显然受中国国情和世界经济政治的影响。明清时期，中国国力强大，西方世界对这个东方国度充满了好奇。因为欧洲航海时代的到来，中国的丝绸、陶瓷等物品得以在欧洲市场出现，人们争相追逐中国元素。来自传教士的儒家经典作品得到了皇室贵族的重视，专门研究中国的学者出现了，汉学也诞生了。虽然有因为文化差异和信仰造成的翻译偏差，但欧洲的名流之士对儒家思想多为称赞。作家伏尔泰对孔子顶礼膜拜，曾说孔子是真正的圣人。美国学者卫三畏宣传过儒家思想，而狄考文则亲自讲授过"四书"。

两次世界大战给儒家经典对外传播带来了巨大的影响。汉学研究机构的快速增加，汉学家、学者与翻译家的出现，使"四书五经"出现了约125种译本。英美学者在儒家思想经典翻译及解读过程中也具有不容小觑的积极作用。诺贝尔文学奖获得者赛珍珠晚年的著作《中国的过去和现在》表达了对孔子话语的赞赏，费正清在其著作《美国与中国》中提及过孔子的仁政，并认为它是政治上的一大发明。美国著名汉学家顾立雅的《孔子与中国之道》一书，充分肯定孔子思想对国际思想的影响，该书在中国学者中引用率非常高。[①]历经百年的儒家经典翻译过程，是儒家思想得以在中国之外的文化背景中出现并得到传播的过程。在这一历程中，儒家经典作品所带来的国际影响力是不容小觑的。

一、《论语》在西方社会的影响

《论语》是儒家思想研究的主要经典，在儒家思想对外传播的过程中也体现出其重要的地位。16世纪末以来，《论语》开始被翻译为西方语言。1687年柏应理和他人合译拉丁文版本的《论语》。1691年，英文版《论语》在伦敦出版，这是在拉丁文译文的版本上翻译而来的。1809年，英国新教传教士马士曼第一次将《论语》直接从汉语翻译为英语。严格意义上讲，这还不是《论语》的英文全译本。第一个具有广泛影响的《论语》译本，是英国著名汉学家理雅各的 *Confucian Analects*，被收入1861年出版的《中国经卷(第一卷)》。由于

---

①岳峰、王丽斌：《儒家经典在西方的翻译与传播》，载于《中国社会科学报》2019年8月30日。

受当时社会环境及特殊身份的影响，理雅各的《论语》译本中隐含着许多西方的基督教意识形态，用西方思维来解释中国思想，用基督教的视角来阐释儒家思想的教义。因为不满于理雅各对儒家经典翻译的僵化刻板和错漏曲解，19世纪晚期至20世纪40年代，以林语堂、辜鸿铭为代表的中国学者，借助其西方教育背景，开始加入《论语》的翻译队伍，力求从中西方文化交流的角度，改变部分西方人对中国的偏见。辜鸿铭的《论语》翻译被赋予了塑造中国文化身份的使命，但由于过度关注西方读者的阅读和思维习惯，采用了完全贴近英语言规范和西方文化价值体系的极端归化翻译策略，使译作带有强烈的自我东方化倾向，因此削减了翻译的目的，失去了完成文化使命的可能性。[1]英国汉学家威利指出，《论语》的翻译，目的就是要表达出作者的原意，但由于社会发展的阶段和译者主观上的差异，"一个时期一个孔子"的理念为儒家经典外译研究领域所接纳。[2]

《圣经》是基督教的经典。这部古老经籍是希伯来民族文化的宝贵遗产，它记载了古代中东乃至南欧一带的民族、社会、政治、军事等多方面情况和风土人情，其中的哲学和神学观念随着基督教的广泛传播，为世界尤其是西方社会的发展、意识形态和文化习俗带来巨大影响。联合国公认《圣经》是对人类影响最大最深的一本书。而《论语》则集中体现了孔子的政治、审美、道德伦理和功利等价值思想，以语录体为主，叙事体为辅，较为集中地体现了孔子的政治主张、伦理思想、道德观念及教育原则等。

在儒家思想对外传播过程中，这两种经典之作势必会产生碰撞和对话。每个民族内部都有一种内在的文化接受机制。在外来文化出现时，人们是否会接受、怎样接受、是否排斥、为什么排斥等问题都是在碰撞和交流中找到答案的。同时，民族文化的内在接受机制也体现了本族文化的主体选择性和创造性。批判地接受外来文化，可以使文化传播得到较好的效果。

由于最初的《论语》译本多由传教士翻译且传回西方，人们对《论语》中孔子提出的很多言论及个人言谈举止的原则表示赞同，并认为能够在《圣经》中找到相对应的教义，如"与人为善""平等相待"等。《论语·卫灵公》中子

①何洋：《辜鸿铭〈论语〉英译本研究》，载于《重庆科技学院学报》（社会科学版）2015年第6期，第86页。

②何刚强：《文质颉颃，各领风骚——对〈论语〉两个海外著名英译本的技术评鉴》，载于《中国翻译》2007年第4期，第77-82页。

贡问："有一言而可以终身行之者乎？"子曰："其'恕'乎！己所不欲，勿施于人。"① 《圣经·马太福音》："所以，无论何事，你们愿意人怎样待你们，你们也要怎样待人，因为这就是律法和先知的道理。"这被看作道德规范的"黄金法则"。爱默生在演讲中曾经指出，东西方文化交叉影响，难以判断先后。但是就"黄金法则"来说，孔子的表述"在时间上（比耶稣）提前了500年"。因为孔子早于耶稣提出"最完美、最权威的"道德规范，他"似乎是亚洲人在道德启示方面唯一的天才"。②

《论语》中的天、地、人是一个完美的整体，人的力量是无比强大的。在《论语》中，"天"是一个多面体，既是自然的，又是人格化的，既是一种秩序、一种规律，也是一种命令。③孔子强调人和自然和谐相处。《圣经》中的"上帝"是宇宙万物的主宰，是至高无上的统治者，是一个具体的存在：《圣经》看到的是人对最高存在的不可知性和由此而来的人的自身局限性，贯通了人和神纵向的上下关系；《论语》看到的是当下的人生际遇，是人在社会关系中的主观能动的存在，联结了人与人之间平行的关系。④

"仁"在《论语》中出现109次，是其核心，是儒家学说和中国古代传统伦理学的核心范畴。《论语·颜渊篇》樊迟问"仁"。子曰："爱人。""仁者爱人"的思想经常与《圣经》中的"爱"进行比较。儒家思想中的"仁"要符合礼制，利用自己的行为和德行去影响和帮助周围的人，也就是从"修身"到"齐家"最后到国家层面的"治国，平天下"，是一个从"小我"到"大我"的不断升华的过程。"止于至善"使儒家思想的人文性发展方向得到了明确的阐释，为儒家伦理的形成奠定了基础。钱穆说："儒家思想不会走上宗教的路，他不想在外面建立一个上帝。他只说人性由天命来，性善，说自尽己性，如此则上帝便在自己的性分内。"⑤基督教中人生来有罪，上帝为了替世人赎罪，有怜悯之爱；而世人必须不断忏悔并通过个人努力改变原罪。也就是说，是神采取了主动先爱人，然后才有人对神的爱的回应。神爱是人爱的根本来源和动力。"因为凡要救自己生命的，必丧掉生命；凡为我丧掉生命的，必得着

①邓启铜：《论语》，东南大学出版社，2013年版，第150页。
②张涛：《孔子在美国》，北京大学出版社，2011年版，第83页。
③张盈：《浅析〈论语〉中"天"的意义》，载于《吉林省教育学院学报》2017年第7期，第130页。
④夏丽志：《天道人性显于语言》，载于《齐鲁学刊》2006年第3期，第25页。
⑤钱穆：《人生十论》，广西师范大学出版社，2004年版，第6页。

生命。"①

《论语》中的孔子与学生的对话通常是根据实际情况循循善诱，是一种与人商榷的口吻和行为。《圣经》中的话语都来自上帝的教诲，是上帝规定了人们行为处事的规则。两部经典作品中具有启发性的句子经常被人们用于生活各个范畴之内，来启发自己、指导自己。"子曰"在美国大众的认知中有两种不同的形式。一种是体现戏谑与讽刺的非《论语》话语。这源于20世纪30年代，一位报纸专栏作家Walter Winchell开始用"Confucius Say"写了对孔子带有讽刺意味的话语，其中隐含着美国人对华人群体的轻视，同时想要用美式幽默缓解大萧条后出现的紧张社会局面。这种写作方式被广播员Jack Benny效仿，很快很多主流媒体报纸开设"Confucius Say"专栏，主要刊登读者的带有戏谑意味的文字。②这个语境下的"子曰"（Confucius Say）多是与"笑话"(jokes)、"滑稽"（funny）及"双关"（pun）搭配。还有专门的Confucius-says网站，浏览者可以在不同的主题下提交自己喜欢的富有哲理的句子，不局限于名言。③与之相反，按照英文译本，"The Master Said"对应的"子曰"通常都是来自《论语》中的孔子语录，与"智慧"（wise）、"著名"（famous）、"启迪"（inspiration）相关联。

二、传教士在儒家经典传播中的作用

15世纪末16世纪初，哥伦布发现了新大陆，麦哲伦实现了环球航行。随着新航路的开辟，欧洲进入了大航海时代。欧洲各国纷纷利用海上新航路，加快对海外国家和地区的殖民扩张。为了争夺更多的海外殖民地和开辟更广阔的海外市场，欧洲殖民列强将耶稣会士的传教活动也列入殖民扩张的计划。明代末年，第一批罗马天主教使团来到中国传教。他们听到了一个对中国文化产生深刻影响的名字：孔夫子。为了简便，他们把"孔夫子"记录成拉丁文"Confucius"，并沿用至今。耶稣会士罗明坚、利玛窦来到澳门，叩开了中西方文化交流的大门。耶稣会士来华的目的是十分明确的，即传播天主教和归化中国。而为了实现这一目的，同时不会引起当地人的怀疑，传教士们并没有直接传

---

① 《圣经·马太福音》，中国基督教协会，1998年版，第21页。

② 参见 http://warpweftandway.com/why-americans-confucius。

③ 参见 https://www.confucius-says.com。

教，而是采取了很多后来被证明为成功有效的传教路线。其中，学习并精通汉语、了解中国风土人情、介绍西方科学文化知识，在很大程度上取得了人们的认同和好感，使最初来到中国传教的耶稣会士形成了较为鲜明的传教路线，进而促进了基督教的传播，建立了多个传教基地并发展了信徒。

1581年，意大利传教士罗明坚用拉丁文翻译了《大学》与《孟子》，使之成为最初的儒家经典译本。1594年，传教士利玛窦将"四书"整理翻译成拉丁文，自此也拉开了《论语》翻译成西方文字的序幕。1687年利玛窦《论语》译本在法国巴黎出版。在当时，拉丁语是欧洲通用学术语言，最早被外译的孔子和儒家论著译本均为拉丁文。17世纪，儒家思想在整个欧洲迅速地传播。尤其在18世纪，欧洲出现了较长时期的"中国文化热"。西方的思想家和学者从解决西方文明危机的视角审视和诠释儒家思想。儒家思想与"文艺复兴"的新思想相结合，成为欧洲近代启蒙思想的重要渊源。1688年出现了儒家经典的法文版译本。1722年法国耶稣会士运回的以"四书五经"为主的四千种中国典籍成了今天法国国家图书馆的最早特藏。①英文版本直到1691年才面世。传教士马希曼（Joshua Marshman）在1809年部分翻译了《论语》（*The Works of Confucius*），是迄今发现的最早的英文译本。此后两百余年里，共产生了60余种《论语》英文译本、节译本和编译本。

利玛窦是天主教在中国传教的最早开拓者之一，也是第一位阅读中国文学并对中国典籍进行钻研的西方学者。在中国传教期间，他学习汉语，了解中国文化。他发现儒家思想在中国文化中扮演着重要的角色，人们的生活方式和处事原则都受儒家思想价值观的影响。因此，他决定使用当时的中国文化理念来解释基督教，以推进自己在中国的传教任务。他并不将基督教信仰解释为完全外来的或全新的，他引用儒家经典中许多的同义词来解释基督教义。利玛窦在《中国传教史》中说："孔子一生以言以性以文字，诲人不倦。大家都把他看为世界上最伟大的圣人尊敬。实际上，他所说的和他的生活态度，绝不逊于我们古代的哲学家。"②

19世纪30年代，美国传教士也开始进入中国传教。与来自欧洲的传教士一样，美国传教士在传教的同时，也开展了对中国文化的研究。传教士成为这

---

①朱仁夫、魏维贤、王立礼：《儒学国际传播》，中国社会科学出版社，2004年版，第56页。
②利玛窦：《中国传教史》，台北光启出版社，1986年版，第24页。

个时期中美文化交流中最重要的文化交流桥梁，他们在中国创办报刊，翻译和出版书籍，兴办了两千多所小学、两百多所中学和近十所大学。卫三畏（Samuel Wells Williams）是其中的重要代表。他是最早来华的美国传教士之一，也是美国早期研究汉学的先驱者。在中国生活期间，他掌握了大量的第一手资料，对中国的情况十分了解。他1847年撰写的《中国总论》是当时美国研究中国最早最具权威的著作。在近代中美关系史上，卫三畏有着重要的影响，他被看作美国第一位重要的研究中国问题的专家，被称为美国"汉学之父"。

高大卫（David Collie）是英国新教传教士。高氏在1827年完成"四书"的翻译工作，后在马六甲出版。此前英译的儒家典籍匮乏，高大卫的翻译在当时算是填补了这一方面的空白，因此他的译本受到了英语世界一些学者的重视，成为西方学术界研究中国儒学思想的一个重要文本。但由于其翻译作品中鲜明的基督教色彩和西方文化的偏见，该英译本存在一些对儒家思想的曲解。

在国外传教士来到中国的同时，晚清驻美公使在儒家思想的对外传播方面也起到了积极的作用。清末民初的中国，国力衰败。1882年排华法案的颁布，使在美国的华人群体出现了生活危机和生存考验。晚清驻美公使在这种局势下，为华人群体争取权利，积极与美国方面交涉。[①]伍廷芳于1896—1902年和1907—1909年两度出使美国，为增加华人的凝聚力，驳斥反华的谬论据理力争。他多次进行演讲，赞颂孔子思想，以图增强华人信心，提升中国在美国的形象。美国媒体称，宣扬孔子的伍廷芳是"中国迄今派往国外的最优秀的传教士(missionary)"。[②]伍廷芳赞美孔子之举引起了极大的轰动，给美国人的文化优越心理造成了震撼。伍廷芳利用在美国公众场合做演讲的机会，多次引用《论语》中的语录，如引用孔子"与人恭而有礼，四海之内，皆兄弟也"，倡导人与人之间，国际商贸合作的准则；引用"己所不欲，勿施于人"，展现中国优秀的道德体系。伍廷芳积极倡议在纽约修建孔庙，让在美华人精神有所依托。他希望通过孔庙的兴建促进华人更加团结，改变美国人眼中一盘散沙、缺乏文明迹象的不良形象。[③]

[①]梁碧莹：《艰难的外交——晚清中国驻美公使研究》，天津古籍出版社，2004年版，第120-370页。

[②]Minister Wu's Ethics, Washington Post, July 26, 1901.

[③]张涛：《孔子在美国》，北京大学出版社，2011年版，第98-101页。

第二节 儒家思想在美印象

20世纪下半叶，随着中美之间学术交流的增加，美国学术界对儒家思想的研究得到了快速发展，对儒家思想的研究也逐渐成为海外中国研究的重点。20世纪30年代之后，中美间的学术交流增加，对中国的研究在数量和质量上都有了大幅度提高。20世纪40年代之后，即第二次世界大战之后，美国学术界对中国的兴趣有增无减。很多著名学府开设了与中国相关的学科，研究的领域也趋于多元化、精致化，大大超出了传统汉学的范围。"由于人才汇聚，资源丰沛，中国研究蔚然成大国，成绩斐然可观，美国隐然已成为中国研究之重镇。"①

一、美国学术界中的儒家思想

顾立雅是美国芝加哥大学教授，是美国老一辈传统的汉学家、孔子研究专家。在芝加哥传统派的代表学者中，顾立雅可以说是代表人物。虽然他只表示对早期中国历史、哲学和制度方面有所研究，但实际上他的研究范围却不止于此，而是包含考古学、语言学、文字学、文学、思想史等多个领域。②他的著述有《孔子与中国之道》《孔子真面目》《从孔夫子到毛泽东的中国思想》等，其中最为人所熟知的是《中国之诞生》。他的孔子观对现代的欧美人士影响很大。顾立雅还把孔子思想和苏格拉底、柏拉图、亚里士多德及一些启蒙运动的哲学家的学说进行比较，更加凸显了孔子文化的价值。③

波士顿儒学(Boston Confucianism)是在美国波士顿形成的儒家思想研究学派。波士顿儒家(Boston Confucians)是波士顿大学神学院院长南乐山(Robert Neville) 和同事白诗朗(John H. Berthrong)，以及哈佛大学教授杜维明(Tu Wei-ming)组成的学术沙龙。源于20世纪90年代初，南乐山教授参加了一次国际会议，会议代表中有不少来自波士顿的儒家学者。这些人来自波士顿地区，认同儒家传统的普遍性，并探讨儒家思想资源可以供西方社会运用的问题，于是"波士

①狄百瑞著，李弘祺译：《中国的自由传统》，香港中文大学出版社，1983年版，第136页。
②顾钧：《汉学家顾立雅的为学之路》，载于《中国社会科学报》2015年3月25日。
③吴霁雯：《美国的孔子儒学研究》，载于《光明日报》2014年5月18日。

顿儒家”这一称呼逐渐为学界所接受。2000 年出版的南乐山的 *Boston Confucianism* 一书，将波士顿学者对儒家思想的研究正式称为学派。正如在中国历史上儒家可分为以孟子为代表的心性派和以荀子为代表的重"礼"学派一样，"波士顿儒家"也以查尔斯河为界进行了以研究焦点不同的划分。查尔斯河北岸(主要阵地为哈佛大学、麻省理工学院)以杜维明为代表，称为孟子的儒家，是接近孟子心性儒学的一派；查尔斯河南岸(主要阵地为波士顿大学)以波士顿大学的几位儒家学者为代表，称为荀子的儒家，更重视荀子"礼"学。波士顿大学的三位主要儒学学者将基督教和儒家思想巧妙地结合，找到了解决当代社会问题的切入点。2009 年，哈佛燕京学术系列丛书专门出版了《波士顿的儒家》。书中论述了对"北美"新儒学的思考、当代新儒学诸多疑难的反思、从西方儒学研究的新趋势前瞻 21 世纪的儒学等聚焦儒家思想传承和发展的问题。[①]

时任波士顿大学神学院院长的南乐山，是波士顿儒学的重要代表。他的主要研究领域为哲学、比较哲学和宗教哲学，他最重要的学术贡献是关于存在的形而上学的理论。这是一种涉及一个或多个古老问题的原始解决方案的新理论。南乐山认同儒家思想的价值，认为儒家思想不能永远保持一个形态，而是要与当代世界哲学进行对话。他认为西方文化是建立在先验顺序原则之上的，中国文化是基于"相关思维"，来确定自身相关的分类。[②]他在推动儒学全球化的研究中发挥了极其重要的作用。南乐山认为儒学是一种哲学，在不同的情形下通过不同的方式实现不同的功用。儒学是一个持续发展的生命体，践行礼仪可以使人与自然、机构和他人的关系人性化。他希望儒家思想的继承者能够突破地域研究的局限，以实际行动推动儒学的全球化。

作为第三代新儒家的杰出代表，杜维明强调儒家思想中的宗教意义。他在普林斯顿大学、加利福尼亚大学和哈佛大学学习和教学数十年。在各个时期，杜维明的思想和著述重点有所不同。1966—1978 年，着重诠释儒家传统，确立了对儒家精神价值作长期探索的为学方向；1978 年至 20 世纪 80 年代末，关怀重心是阐发儒家传统的内在体验和显扬儒学的现代生命力；20 世纪 90 年代

---

①《波士顿儒家》(哈佛燕京学术系列)，江苏教育出版社，2009 年版。

②Neviile R C. Boston Confucianism: Portable tradition in the late-modern world. State University of New York Press, 2000：46.

迄今，所关注并拓展的领域有"文化中国""文明对话""启蒙反思""世界伦理"等。他旨在通过与西方(尤其是美国)社会理论和基督教神学的对话来更新和增强儒家思想。他关于儒学的著作是西方哲学和宗教研究与现代儒家思想之间的重要纽带。他认为，儒家思想可以从西方现代性中学到一些东西，而不会失去对自身传统的认识。通过这种"文明的对话"，他希望不同的宗教和文化能够互相学习，从而发展全球伦理。杜维明认为，"礼"将个人、家庭、国家和世界融为一体。儒家思想中的"仁"，就是"人道"，可以解决当代世界面临的问题。杜维明站在人类现代文化发展的基线上，用世界文化多元发展的开阔眼光审视传统儒学，力图通过对传统的创造性转化，复兴中国传统文化，使中国文化走在世界文化发展的康庄大道上，这表达了一位海外华裔学者对中国文化的留恋之情。[1]

夏威夷儒学也是美国儒家思想研究的重要学派。它的代表人物是当代著名哲学家成中英（Chung-Ying Cheng）。夏威夷儒学也叫"诠释派儒学"，是由成中英将中国哲学的"本体"与西方哲学的"诠释"有机结合，提出的独具特色的哲学研究体系。成中英认为，任何知识活动都是整体性本性的一个方面，并有其范围的局限性。若能明白人类的知与志的内在统一性，那么就能突破限制，找到内在的知与志的原始点，并能使之相互补充，达到相互彰显的理想境地。这就是中西方哲学发展的方向，也是人类走向未来世界，以世界性融合历史性的必然趋势。[2]他承认儒家思想是中国文化的主流思想。这不是偶然形成的。它是多种文化因素所自然形成的价值集结。儒家思想的哲学思维及其发展的极限、潜力、高度与深度却是一个值得永远探索的课题。他看重儒家思想与现代性的关系，力求发掘儒家哲学内在的义理结构与人性智慧，以使其能整体地和谐发展。

波士顿儒学与夏威夷儒学以非常开放的心态，使用了有广泛意义的综合方法，把现代西方最流行的分析哲学、过程哲学、解释学、现象学、存在主义、结构主义等各种哲学与中国哲学融为一体，建构起一套对话派的新儒学和诠释派的新儒学，丰富了儒家思想的内容。他们致力于使中国传统哲学现代化，达到东方与西方的融合、人文精神与科技精神的共存、价值理性与工具理性的平

①参见 https://baike.baidu.com/item/%E6%9D%9C%E7%BB%B4%E6%98%8E/10328969?fr=aladdin。
②李翔海、邓克武：《成中英文集一卷》，湖北人民出版社，2006年版，第355页。

衡，以求满足中国发展科学民主的现代化需要，又能解救西方现代化以后遇到的人文价值失落的危机这样的双重目的。他们的努力正在把儒学进一步推向世界，对儒学参与世界一体化会起到重要的参考作用。儒学要真正现代化，就必须真正世界化。[1]

进步儒学（Progressive Confucianism）是安靖如提出的学术术语，以表明其对儒学的研究观点。他认为英文的"progressive"一词具有很强的社会、政治和道德的内涵。"进步儒学"一词包括对法规的强调，对礼仪的有限主义（ritual minimalism）、人民主权和政治参与、全球性的人权的强调，以及对压迫的批评。进步哲学揭示了儒家思想与民主和人权等普遍价值观的接触。它描述了儒家思想对个人和集体道德进步的核心承诺，并相信道德洞察力可以带来进步的社会变革。安靖如的进步儒学思想主要关注人权、法治和性别平等。他认为政治体制和社会关系翻天覆地的变化与儒家思想是相容的，也是维护儒学本质的关键。安靖如相信每个人通过彼此的关系和环境发展美德，最终会成为圣人。

经过了两百多年的发展，儒家思想在美国的传播取得了巨大成就，儒家思想也对美国学术思想的发展起到了一定的推动作用。作为连接中西方文化的桥梁，儒家思想以其长期沉淀下来的文化精髓，正在化解着西方文明的困境。[2]随着时代的发展和变迁，对于儒学的研究将会呈现出多样化的趋势。这种趋势对于发展和保持儒家思想文化的核心价值会带来挑战和考验。但有一点可以肯定，儒家思想的研究与发展不能脱离现实世界，不能脱离人们关注的问题。[3]要通过相互对话建立动态发展的共识，用以重新确认人与人、国家与社会、人类与自然之间的相互依存关系。

二、智士闻人眼中的儒家思想

德国哲学家、数学家莱布尼茨（Gottfried Wilhelm Leibniz）是第一个承认中国文化对西方有重大贡献的西方学者。他高度评价孔子的思想对个人生活和社会秩序所产生的良好影响。他认为，在政治、伦理方面，中国远胜于欧洲。通过阅读由比利时传教士柏应理编写的《中国的哲学家孔子》一书，他进一步了解到《论语》《大学》《中庸》等儒家经典。后来读到了被译成拉丁文的《易经》和朱熹的著作。通过研究这些经典，莱布尼茨对东方的哲学、丰富的物产和完备的典章制度赞叹不已。为了更多地掌握有关东方的历史文化，莱布尼茨还直接与在中国的传教士建立书信联系，访问回到欧洲的传教士。从他们那里，莱布尼茨获得了大量的有关中国文化的第一手材料，更激起这位哲学家对中国道德哲学的仰慕。莱布尼茨就是那位发明二进制原理和微积分的西方著名学者，他在宋儒的"理"字上找到了可以把中西哲学沟通起来的桥梁。但莱布尼茨也认为，在理论科学方面，中国不如欧洲，因此他主张，中国把实践哲学即政治、伦理等传给欧洲，而欧洲把理论科学传给中国，以便共同促进人类的幸福。[1]因其对孔子的崇拜和敬仰以及自身的丰富学识，莱布尼茨被思想家、戏剧家歌德称为"德国的孔子"。

17世纪至18世纪，孔子的形象和儒家思想通过传教士的译介在法国引起了强烈的反响。中世纪神学统治下的法国乃至整个欧洲，基督教会处在文化垄断地位。儒家思想的引入使得王公贵族和平民百姓对中国产生了极大的兴趣，人们争相了解和谈论中国。他们认为孔子的德行，尤其是其以德治国的政治主张，影响了中国的君主权力。而18世纪的法国是一个君主政体的国家，专制和天主教会控制着国家的社会生活和人民的思想。天主教会与专制王权相互勾结，推行文化专制主义和蒙昧主义，疯狂残害不同信仰者和有进步思想的人们。一场资产阶级和人民大众的反封建、反教会的思想文化运动得到酝酿。伏尔泰（François-Marie Arouet）是18世纪法国启蒙思想家、文学家和哲学家。他倡导要实施开明的君主政策，要打倒封建制度，建立资产阶级政权。伏尔泰十分推崇孔子的思想，对儒家文化中的"仁义"和"宽容"更是推崇有加。在伏尔泰的多部著作中，他对孔子以及儒家思想的喜爱溢于言表，如：孔子"一个人由于在神明的问题上，提出了人类理性所能形成的最圣洁的看法而受之无愧的荣誉"[2]；"东方人闪烁出智慧之光，他们用言语来描绘，虽然比喻形象往往大而无当而且互不连贯，人们也可以从中看到卓越之处"[3]。他将孔子看作真正的哲学家。启蒙思想家们通过研究孔子，进而把孔子"己所不欲，勿施于人"思想写入1789年的《人权宣言》。

另一位启蒙思想家、百科全书派代表狄德罗（Denis Diderot）认为，以儒学为主体的中国文化是世界上最优秀的文化，同样对儒家的仁政和理性表现出极大的关注与热情。他借助中国文化的材料，利用作为百科全书主编的特殊地位开展对法国现实的无情批判。重农学派的代表魁奈在评论《论语》时这样指出："它们都是讨论善政、道德及美事；此集满载原理及德行之言，胜过于希腊七圣之语。"在他们眼里，东方文化绚丽多彩，气势恢宏，是一份当努力效仿且不可多得的人类遗产。①

爱默生（Ralph Waldo Emerson）是美国民族文化的标志性人物。他对美国文化的确立以及民族精神的塑造有着至关重要的影响。爱默生和孔子在对于"人"的观点上有很大程度的契合。爱默生明确提出"个人"这个主题，第一次在文化和思想上正式宣布了美国个人主义的确立。他批评基督教唯一神教派死气沉沉的局面，竭力推崇人的至高无上，提倡靠直觉认识真理。他明确强调个人的自由，强调尊重个人的权利，强调个人意愿的神圣。和孔子思想一样，他也想通过"君子"这样的理想人格来教化他人，承担社会责任，建造和支撑他们的理想社会。美国前总统林肯称他为"美国的孔子"。

庞德（Ezra Pound）是20世纪将儒家经典翻译成英语的主要人物。他是儒家思想的信奉者。他一生热爱儒学、研究儒学并翻译儒家经典，1928年翻译出版了《大学》，1937年翻译出版了《论语》，1938年发表了论文《孟子的道德观》等。庞德翻译的儒家"四书"中的前三本，是全美国大学图书馆较为重要的英语儒家译本，而且仍然吸引着众多读者。②庞德在英国传教士理雅各（James Legge）的英汉对照版"四书"基础上重译。1947年发表《中庸和大学》。1951年，《孔子》英汉对照版修订本出版。此后，庞德迅速投入《诗经》的翻译出版工作中。他在《比萨诗章》中指出："'风也属道，雨也属道'，人应当在'绿色世界寻找属尔之地'，人应当学会感受'至诚无息'与'天地同体'。"③可见，儒学的最高理想"天人合一"成了庞德的理想。

①参见 https://www.chuanxi.com.cn/Article/Content/11473。

②Feng Lan. Ezra Pound and Confucianism: Remarking Humanism in the Face of Modernity. University of Toronto Press, 2005：9.

③袁婷：《庞德史诗对中国儒家经典文化之解读》，载于《管子学刊》2015年第1期，第94页。

第三节 美国的孔子形象传播

"传播"意指信息的传递。早期的传播依靠的是古老的媒介，如竹简、碑刻、建筑、仪式，甚至包括人的身体等。"通过模仿和传播，文化事物能随着时间的推移从一个地方扩散到另一个地方。"[1]美国传播学家威尔伯·施拉姆（Wilbur Schramn）把包括石雕、纪念碑、泰姬陵、金字塔和教堂等在内的建筑物统称为"无声的媒介"，这些空间媒介都具有传播信息、共享意义的功能。[2]

一、美国最高法院的孔子雕塑

美国联邦最高法院(Federal Supreme Court)位于东国会大道，是一座以洁白大理石为主的科林斯式建筑，与国会大厦遥相呼应，是美国首都华盛顿的地标性建筑。联邦法院建于1935年。在决定修建联邦法院时，决定在法院的门楣上放置三个人物雕像，意欲用先贤的事迹警示后人。受民意氛围的影响，这三个人物雕像要代表：法律、宗教和教育，最终确定摩西、孔子、梭伦。孔子之所以入选是因为其思想家、教育家的身份及影响，得到了西方世界文明的承认。同时，孔子的"道"和摩西十诫，奠定了东西方2000年来人们行为规范的基础，是名副其实的先王之法，习惯法，自然法。孔子的"道"，远远超出了道德的范围，涉及社会的方方面面。孔子雕像在最高法院的出现坚定了其在维护政教分离原则时的态度。

二、纽约孔子大厦（Confucius Plaza）

孔子大厦是一家位于美国纽约市曼哈顿唐人街的华人公寓楼，于1974年开始建设。这是一座高44层，拥有762间公寓的棕色砖塔综合体，包括公立学校、商店、社区中心和日托中心。它是第一所由公共房屋建设项目建设的主要

---

[1]约翰·R.霍尔、玛丽·乔·尼兹著，周晓虹、徐彬译：《文化：社会学的视野》，商务印书馆，2002年版，第39页。

[2]威尔伯·施拉姆、威廉·波特著，何道宽译：《传播学概论》，中国人民大学出版社，2010年版，第135页。

供华裔使用的房屋。在曼哈顿唐人街南面广场，立有一座孔子像。这座铜像于1984年落成，设计者为何铁基。在铜像下面的基座上刻有"纽约华人为庆祝美国建国二百周年纪念敬献孔子铜像以隆盛典"的字样。孔子大厦和孔子铜像在唐人街的出现，是华人同胞利用孔子及其思想的影响力，突出自身文化特性，强化群体自豪感的表现。

三、美国孔子基金会（Confucius Foundation）

美国孔子基金会是由美国纽约山东同乡会发起的民间非营利组织。其宗旨是传播儒家思想，弘扬中华文化，鼓励下一代子女学习中文，认同优秀的儒家思想。2005年，基金会设立了"山东优秀子弟奖学金"，2010年更名为"孔子奖学金"，将奖学金的发放范围扩大到整个纽约社区。每年约有百位来自各地的大、中、小学年龄组的优秀学生获得"孔子奖学金"。基金会每年还向大约百名国内贫困地区的孩子发放"孔子助学金"。

美国孔子基金会的宗旨与孔子作为教育家的身份十分契合，反映了美国社会特别是在美华人对孔子"有教无类"教育思想的深入理解，是孔子教育思想在美国的发扬光大。

四、休斯敦孔子像（Confucius Statue）

2010年11月15日，由中国孔子基金会联合俄罗斯慈善基金会、美国孔子基金会共同捐赠的孔子标准像落成仪式，在美国最大的社区大学——休斯敦社区大学举行。中国驻休斯敦副总领事张传兵出席仪式并致辞。[1]中国孔子基金会原副会长刘蔚华在讲话中说：在美国著名的社区大学，竖立起孔子的塑像，使人们能够更加具体形象地认识和敬仰这位伟人，这将增进中美文化交流、加深中美两国人民的友谊、进而推动世界的和平与发展。孔子是中国的，也是世界的。孔子塑像的竖立对推动东西方文化的交流有着积极意义。这也是中国孔子基金会赠送孔子塑像的良好愿望。此次孔子标准像落成仪式上，与会代表都表达并强调了孔子"己所不欲，勿施于人"的观点，希望不同种族、不同肤色在这个世界大家庭里友好相处，减少战争，构建和谐社会。

---

[1] 参见http://www.scio.gov.cn/m/hzjl/hdjj/wz/Document/808938/808938.htm。

五、纽约时代广场孔子形象短片

2011年10月1日，孔子的行教画像以全新的作揖行礼的动画形式亮相美国纽约时代广场，将中国人自信大方的谦谦君子之风传递给世界。这是一个时长为30秒的动画短片。短片用富有感染力的水墨画描绘孔子形象，以孔子标准的"作揖行礼"动作贯穿其中。片中的孔子两手相交，手心向上放在胸前，身子向前略倾，表现出谦恭礼让。同时，短片中出现了不同年龄、不同性别的山东人，以孔庙大成殿、泰山、黄河及青岛海滨等场景为背景行作揖礼。片尾处则是孔子带领这些现代山东"老乡"，全家福似的作揖。

这部动画版的孔子形象创意来自唐代吴道子的《先师孔子行教图》。孔子作揖，传达的是中国传统文化中"仁"与"和"的精神，而现代人的作揖则是对这两种精神的传承。纽约市市民勒迈尔在纽约时报广场上看到孔子的画面，觉得非常新奇，他说没想到自己在课本里学到过的几千年前的中国圣人会出现在时代广场大屏幕上。"这说明古老的东方文化在今天依然具有影响力，而且是可以跨越国界、互相借鉴的。真想亲自去孔子的老家山东看一看。"孔子形象在这个时间段亮相纽约时报广场特别有意义，不仅向世界展示了中国的古老文化，也象征着中国国力的日益上升。美国佩斯大学孔子学院副院长周燕玉接受采访时说："儒家思想所倡导的仁者爱人、天下一家的思想在当今全球经济不景气、地区冲突不断的背景下显得格外重要。"

六、休斯敦孔庙 （Confucius Temple）

孔庙是孔子在其时代的生活记忆，是推崇儒家思想和礼乐文化的象征之地。孔庙在海外的修建，体现了海外华人对中华传统文化的继承和发扬，也增加了儒家思想对外传播的效果。休斯敦孔庙位于得克萨斯州休斯敦市，是坐落于美洲的第一座孔子庙。它是由国际儒家生态联盟(ICEA)发起，并推动建设的。国际儒家生态联盟(ICEA)是在英国菲利普亲王的倡议下，由当代新儒家代表人物、哈佛大学教授杜维明和中国孔子基金会理事李智及香港孔教学院院长汤恩佳等发起，联合全世界从事儒学和生态研究的知名专家学者、企业家、相关儒家机构于2013年9月成立，是根据中国香港特别行政区《社团条例》，注册于香港的非营利性国际社团组织。

休斯敦孔庙面向的群体,以当地华人和亚裔儒家文化族群为主,辐射整个北美地区寻求文化之根归属的华人,以及对孔子文化、儒家思想信仰感兴趣的西方人群。与传统中国及日本、韩国、越南现有的大部分以祭祀为主要功能的孔庙不同,休斯敦孔庙在功能定位上是以"传承与弘扬儒学的圣殿,教化与开启新风的基地"为目标,具有教化、典礼、祭祀、典藏、研究、旅游六大基本功能,就建设规模、面积、功能来说,堪称美国第一。在文化全球交流与融合的大视野中,设立休斯敦孔庙的目的是,为弘扬孔子文化和儒家思想树立全球性典范。该孔庙不仅是一个与世界多元文化共存共荣的儒家文化机构,还将发展成为中美文化之间具有综合性、深层次的交流平台。①

七、民族舞剧《孔子》在美国

2017年1月5日晚,大型民族舞剧《孔子》首次登上美国最高表演艺术殿堂②——林肯中心的舞台,大卫·寇克剧院座无虚席。全世界已演出逾百场的《孔子》被《纽约时报》称为"中国的文化名片"。《孔子》用舞剧的形式讲述中国的故事,是一次非常好的中美文化交流。为表现孔子与中国文化的密切关联,舞剧《孔子》特别选取了比纸张更加古老的"竹简"作为舞台布景的核心元素。篆刻着孔子经典语录的巨大竹简,不仅巧妙完成了舞台上的空间转变,也在古意盎然中传递着孔子的精神理念。③《孔子》在纽约观众中的火爆程度,反映出中国优秀文化和文艺作品的吸引力。孔子第77代后人孔德辛是《孔子》的总导演。他希望通过舞蹈这种艺术形式讲述孔子的出世、入世,他的大同梦想,还有最后回到鲁国成为一个思想家、教育家的经历。这部舞剧不仅传承了孔氏家族的故事,也将中国文化的美和思想展现给世界观众。通过欣赏这部民族舞剧,美国观众惊叹于中国艺术设计的美,更形象地了解了原本只在教科书上出现的中国儒家思想创立者,感知了历史中真实的孔子。

八、餐饮文化中的孔子元素

1848年在美国西部发现金矿的消息使美国沸腾了,同时也震惊了世界。

---

①参见http://paper.dzwww.com/dzrb/content/20150116/Articel12004MT.htm。

②参见http://www.chinanews.com/cul/2017/01-06/8115938.shtml。

③参见http://www.xinhuanet.com/politics/2017/01/12/c_129442275.htm。

成千上万的淘金者涌入加利福尼亚。中国南方的广东人也看到了金矿带来的机会，于是许多广东人由广州出发来到美国。来到加州的华人发现，不光淘金可以发财，从事与淘金者生活有关的生意和服务，也可以致富。于是，就有一部分华人在淘金者的居住地从事服务业，中式餐馆应运而生。如此看来，中华饮食文化的对外传播是劳动力输出或经贸交往的结果。民以食为天，中国人走到哪里，中餐馆就开到那里，中国的饮食风俗也随之传播到那里。美国加州大学尔湾分校历史系教授陈勇在其2014年所著的《美国杂碎——美国中餐的故事》一书中指出，百余年来美国中餐的演变，不但是华人移民落地生根的故事，也反映美国社会文化、经济、种族、认同的演变与趋势；美国中餐的发展是美国历史上的重要篇章，也是美国华人经历的核心部分。①

最初开办中国餐馆的华人，为体现鲜明的中国特色，在餐馆的命名、内饰布置和菜单的设计上都有所讲究。20世纪中期，华盛顿有"孔子咖啡""孔子"；纽约有"孔子餐厅"；洛杉矶有"孔子美味""孔子""子曰"；加利福尼亚有"孔子"。一些餐馆虽然招牌上没有"孔子"，但是设有"孔子"包间、"孔子"雅座。中国的饮食文化强调用餐氛围所产生的情趣，它是中华民族的个性与传统，更是中华民族传统礼仪的展现方式。海外的中国餐馆在室内设计上利用中国传统的瓷器、书画、论语、竹子等具有代表性的文化符号，营造地域特点，更创造了人与人之间以食物为媒介的交流空间。中国餐馆除营养外，食物包含感情与记忆，感觉的社会记忆存储于共享的食物之中。人类学的身体感知研究也证实，文化某些部分的获得，是经由身体的教养、培植或修炼，于文化环境中一点一滴地修习而得。

2016年美食大厨、主持人克莉丝汀（Christine Cushing）参与制作了纪录片《孔子的料理哲学》（*Confucius was a Foodie*）。克莉丝汀追随最早来到北美的中国移民脚步，寻求"北美中餐馆里的中国菜是不是真正的中国菜""北美的中国人是不是真正的中国人"这些问题的答案。片中探源了中国厨师和食材的输入，中国菜的味道以及中国各大菜系。克莉丝汀是一位终身学习者，她着迷于食物，其作为文化使者的主要工作是探索美食是如何从一个国家传播到另一个国家的。她的这部纪录片使观众对于中国食物、海外中国餐馆的食物有了直观和形象的印象，是以"孔子"这一中国文化符号，串联整个中国饮食文化

①参见 http://www.qb.gd.gov.cn/qsxw/content/post_168344.html。

的传播实例。

幸运饼干（fortune cookies）也是孔子元素在食物方面的一个体现。它是美国和加拿大中餐馆中一种独特的食品，通常是随账单一起提供的免费小点心。幸运饼干的独特之处就在于它里边塞有一张写着名人格言或预测运气的小纸条。收集小饼干里边的小纸条成为很多顾客的一大乐趣。纸条上的内容最初多来自孔子名言或借"子曰"的句式来表达。幸运饼干并非来自中国本土，它是中餐馆为迎合北美顾客在餐后吃甜点的饮食习惯而设计的。对于它的起源有多个版本。一说来自日本的茶饼，一说源于中国古时战场上将军事情报藏于饼中的习惯。但是不论起源如何，在最初幸运饼干出现的时候，中餐馆想到用孔子语录作为签条内容，足见孔子及其语录在西方食客中的影响，可以作为中国文化的代表，在餐馆乃至整个饮食业中确立鲜明的族裔特点。从孔子入手，既可一语道出遍布全美的中餐所散发出的独特文化气息，也能言简意赅地展现中餐的文化底蕴和强大魅力。有文章写道，孔子期望饮食能促进社会和谐，中餐的每一道程序都非常精细，是"一种艺术"。"中餐被比作中国书法——'简单的一笔一划生成了成千上万个复杂的表意符号'，反映出'伟大的圣人和美食家孔子在数千年前建立的社会平衡与精神和谐体系'。"①

幸运饼干作为一种特殊的文化认同，已经与华人、中餐馆和中国文化联系在一起。随着幸运饼干市场的扩大，它甚至走出中餐馆，成为商品促销、慈善募捐等活动中吸引人们驻足的焦点。2009年，《纽约时报》亚裔美国记者詹妮弗•李专门写书介绍在美国的中国食物，书名就是 The Fortune Cookie Chronicles: Adventure in the World of Chinese Food（《幸运饼干的编年史：在中国美食间的历险》）。书中从中餐最著名的"左宗棠鸡"，写到并非来自中国却在海外异常出名的幸运饼干。她行走六大洲，尝试寻找各地最好的中国食物。遍布海外的中餐馆，是中国文化元素潜移默化地参与当地生活、构建文化融合的功臣，也成为中华文化元素或观念嵌入当地社会生活的一个常态化、长效性方式。②

---

①张涛：《孔子：战后美国华人餐饮的文化标记——基于美国主要报纸的考察》，载于《华侨华人历史研究》2011年第2期，第44-45页。

②参见 https://confuciuswasafoodie.com。

第四节 孔子学院的设立及发展

21世纪初，为增进世界人民对中国语言和文化的了解，积极发展我国与外国的国际友好关系，并促进世界多元文化发展，我国借鉴英、法、德、西等国家推广本民族语言的经验，探索在海外设立以教授汉语和传播中国文化为宗旨的"孔子学院"。孔子"和为贵""和而不同"的思想是其设立和办学的基本理念。从国家层面来看，孔子学院已经成为一种代表国家形象，展示国家文化软实力的品牌。

一、孔子学院的设立

孔子学院是非营利性教育机构，总部设在北京。境外的孔子学院都是其分支机构，主要采用中外合作的形式开办，具体合作方式由孔子学院总部与国外合作方协商确定。国内外机构合作、总部授权特许经营、总部直接投资是设立孔子学院的三种形式。海外凡有意促进汉语教学及中外教育文化交流并符合条件的高等院校或社会机构，均可申请设立孔子学院。

孔子学院总部负责管理和指导全球孔子学院。为保证海外孔子学院的办学特色和教学质量，孔子学院总部对在各个国家和地区开设的孔子学院进行办学建设的审批和指导，并定期对孔子学院的运作和教学质量进行评估。孔子学院在办学过程中，如果违背了与总部的约定责任和义务，且拒绝改正，孔子学院总部有权吊销其办学许可证书，并收回孔子学院铭牌。

分布在不同国家和地区的孔子学院主要为国外大、中、小学生提供汉语教学服务，开设专业汉语和公共汉语学习课程。同时也有面向社会各界各类人员特别是汉语教师的继续教育类非学历、应用性汉语学习课程。与此同时，还为研究中国问题的学者和机构提供语言及文化类服务。孔子学院总部和国家汉办还共同设立研究型孔子学院，开展中外经典互译和汉学人才培养，设立"孔子学院奖学金"。

2004年，全球首家孔子学院在韩国首尔正式设立。孔子学院分布在世界各地，从历年增长数据来看，2005—2007年是孔子学院数量快速增长的时期，平均每年增加近100所。之后每年以增加30~40余所的速度平稳上升。以单个国家来看，美国是设有孔子学院和孔子课堂最多的国家，48个州设有超过100所孔子学院和356个孔子课堂。截至2018年12月，全球已有154个国家（地区）建立了548所孔子学院和1193个中小学孔子课堂。其中，"一带一路"沿线有53个国家设立了140所孔子学院和136个孔子课堂，欧盟28个国家、中东欧16个国家实现全覆盖。全球三分之一孔子学院的外方院长都由著名汉学专家担任。[1]孔子学院在海外的建设得到了快速的发展。各地孔子学院充分利用自身优势，开展了丰富多彩的教学和文化活动，逐步形成了各具特色的办学模式，成为世界各国人民学习汉语和了解中华文化的园地及交流中外文化的平台。中国人民与世界各国人民的友谊和合作也借由此桥梁而得到促进和发展。

二、在磨砺中发展

孔子学院的发展并非一帆风顺。2014年，美国芝加哥大学宣布停止与孔子学院合作。宾夕法尼亚州立大学也在同年10月宣布终止与中国孔子学院已达5年的合作，不再续约。2015年初，瑞典斯德哥尔摩大学宣布关闭其孔子学院。芝加哥大学、宾州州立大学等先后停办孔子学院。也是从这一年以后，每年新增加的孔子学院数量减少。这与复杂的国外环境和国际政治风云变幻有关，体现了儒家文化对外传播的艰辛和坎坷，这是孔子学院办学中遇到困难的客观原因。但同时这一现象也从一个侧面反映了孔子学院在经历了最初十余年的推广和发展之后，暴露出自身发展不充分、不平衡的问题，需要反思原因，并制定未来发展的优化策略。

目前根据全球孔子学院的现状分析，其所面临的主要问题体现在外部支持和内部完善两个方面。从外部支持方面来说，国家间的经济摩擦和国家关系是影响孔子学院在海外发展的主要因素。根据盖洛普（Gallup）公布的年度世界事务调查数据，只有41%的美国人表示对中国有好感，大幅下降到2012年以来最低点。自2018年下半年以来，中美贸易战硝烟不散、中期选举充斥着对华质疑，中美关系降温明显。美国对华的猜疑与敌视情绪激化，掀起了抵制孔子学院行动的又一波高潮。[2]外方合作机构过分依赖中方资金投入，有一部分

①参见 http://news.haiwainet.cn/n/2018/1204/c3541083-31451902.html?baike。

②参见 https://news.gallup.com/poll/1627/china.aspx。

项目的操作等同于免费的汉语辅导，学习效果的评估流于形式。国际汉语考试的滞后推广，也使得汉语学习的动机与目的受到一定程度的影响。同时，孔子学院也面临着国际社会尤其是西方发达国家意识形态思维的挑战。一些国家的相关人士以其固有的保守意识形态审视孔子学院的发展，认为孔子学院"被中国政府控制"，限制了学术自由。美国国会成立的美中经济与安全审查委员会更认为，孔子学院是中国参与美国教育体系的例子，试图窥探和窃取联邦资助的研究。[①] 这一问题的解决需要国家层面的外交努力和对话，消除隔阂和误会，从而实现正常文化交流和借鉴。

从内部完善方面而言，孔子学院虽然在早期数量增加较快，但并未形成科学高效的内部管理机制和行之有效的监督和评价体系。汉办颁布了《孔子学院章程(试行)》《孔子学院项目》和《孔子学院中方资金管理办法(暂行)》等制度规范办学和管理工作，但在实际工作中就显得"捉襟见肘"。[②]专职国际汉语教师的缺乏是制约孔子学院进一步发展的另一原因。孔子学院总部外派中方院长，选派的教师和志愿者是师资的主要来源。目前全球孔子学院师资队伍包括公派教师、汉语志愿者教师及本土教师三个部分。其中，公派教师由孔子学院总部/国家汉办从合作院校及其他大、中、小学在职教师中选拔；汉语志愿者教师主要由合作院校和其他高校汉语国际教育或相关专业的应届毕业生及在读研究生组成；本土教师则主要由汉办及各孔子学院根据要求在所在国选聘。轮换制的任教方式，即公派教师的任期一般为两年，志愿者教师的任期为一年，使得教师任期短，流动性大，容易影响正常的教学活动，不利于孔子学院长期的稳定发展。外派汉语教师拥有丰富的汉语教学经验，但容易拘泥于汉语教学环境，忽视外国人学汉语的特点以及海外的语言环境因素，给汉语教学的设计和实施带来现实性的影响。汉语教师的传统文化素养也在传统文化对外传播过程中显现出不足，难以充分展现中国传统文化的魅力，课堂吸引力不够。要解决上述问题，就需要根据对外国家的地域与文化特点，制定汉语教学不同阶段的个性化规划；组织选派教师和志愿者参与当地教学及学术交流活动，促进汉语教师与当地语言教师间的交流，营造浓厚的对外汉语教学氛围，激发教师的文化对比意识，增强文化自信；积极与外方合作机构实现沟通交流，明确双方义务和责任，组织开展生动有趣的文化交流活动及语言实践活动。孔子学院的可持续性发展，必须在其发展现状的基础上，从传承中华传统文化、培养本土汉语教师、借鉴海外教学经验、发展海外汉学研究中心等方面做深入的思考，逐步形成科学有效的发展模式，引导其走上可持续发展的道路。[①]

文化是一个民族、一个国家的灵魂。我们正生活在一个全球化的时代，这是世界历史不能抗拒的发展潮流。任何国家和个人都不应该自我封闭，更不应该被孤立在全球化进程之外。全球化进程并不仅仅是经济全球化，它也是全球政治、文化交流、冲突和融合的过程。民族的文化，也是世界的文化。随着中国综合实力的提高，中国文化的影响力也得到了逐步提升，但这并不意味着妄自尊大，而应该跨越地域限制，向世界文化开放和展示优秀的、不断发展的民族文化。这也是我们积极推进中国优秀传统文化"走出去"战略的根本原因：向世界展示中国精神、中国价值和中国力量。

文化全球化不是文化霸权，世界的文化也不是一元文化。来自世界各地的人们开始用一种更加包容的心态对待全球化时代出现的多样性的文化传统、价值观念，并正在融合、产生一种世界性的新文化。杜威·佛克马就曾经指出："在所有文化中，在所有文化成规系统中，我们至少可以假设一种一切文化都共有的成规。也许这一可为所有文化都接受的成规便是，自己文化的基本宗旨是可以得到讨论、解释、辩护、重新思考甚至批评和补充的。如果这样的辩论和批评全然不可行的话，那么同样在一个范围狭窄的层面上，相关的文化仅仅包含受到机械地考察的一套规则。这种文化实际上是僵死的"[②]。文化全球化形势下，就需要构建这种规则，这种充满生机和活力的"成规"。各个国家和民族的文化要相互交流，相互借鉴，相互融合，相互促进，又保持着各自的特色，才能呈现出多元和谐发展的局面。孔子学院肩负文化对外传播和文化交流的重任，需要顽强的拼搏精神和不屈不挠的意志，才能在荆棘丛生的环境中砥砺前行。

①詹春燕、李曼娜：《孔子学院的可持续性发展：指标、模式与展望》，载于《华南师范大学学报》2014年第5期，第78-82,163页。

②王宁、薛晓源：《全球化与后殖民批评》，中央编译出版社，1988年版，第252页。

第四章　西方文化语境中的孔子形象

孔子是中国古代著名的思想家、教育家，儒家学派的创始人。孔子及其所代表的儒家思想对中华文化的传承具有举足轻重的作用，并且也深刻地影响着世界思想文化的发展。近年来，随着我国在政治、经济、文化领域国际影响力的不断提高，了解孔子在国外的形象建构、了解外国人如何审视以孔子为代表的中国思想文化，对中国文化"走出去"具有重要意义。因此本章将分四节，详细阐述西方文化视野中，尤其是英美文化语境中孔子形象的演绎变化。通过全面梳理13—20世纪所呈现的不同孔子形象，本章试图揭示西方文化语境中孔子形象的嬗变轨迹，分析其变化的特点及动因，并挖掘其背后的深层文化意蕴，以期为孔子形象的对外传播做出贡献。

第一节　孔子形象的缺席
（13世纪—16世纪中期）

正如英国作家亨利·裕尔（Henry Yule, 1820—1889）所言，"正是在蒙古时代，中国才第一次真正为欧洲所了解"。[①] 1237—1241年，蒙古铁骑横扫中东欧，欧洲世界对此毫无招架之力。这股横扫亚欧大陆的旋风使欧洲开始正视中国。1245年，意大利方济各会神父柏朗嘉宾（Giovanni da Plano Carpin, 1182—1252）奉教宗英诺森四世（Innocentius IV, 1180—1254）之命出使蒙古，呈递教皇致蒙

---

① ［英］H.裕尔撰，［法］H.考迪埃修订，张旭山译：《东域纪程录丛》，云南人民出版社，2002年版，第119页。

古大汗的信函，并借机了解军事动向。返欧之后，柏朗嘉宾向教皇进呈了一部名为《蒙古史》（L' Yatoria Mongslorum）的出使报告，详细汇报了出使经过。这是当时欧洲关于东方和中国的首部著作。法国汉学家韩柏诗认为，"柏朗嘉宾对契丹人所做的描述在欧洲人中是破天荒；同样他也是第一位介绍中国语言和文献的人"。[①] 然而柏朗嘉宾及之后的蒙高维诺、鄂多立克以及马黎诺里等人只将精力集中于宫廷轶事及军事情报的搜集，他们并没有深入中原内地，与孔子及儒家文化失之交臂。

半个世纪之后，也就是1298年，由意大利旅行家马可·波罗口述，鲁恩蒂谦笔录的"一代奇书"《马可·波罗行纪》（又称《马可·波罗游记》）横空出世，震惊欧洲。作为西方认识中国的里程碑性著作，《马可·波罗行纪》第一次全面、深入地介绍了当时中国及周边地区的政治经济、社会风俗、宗教信仰、科学技术、商贸往来以及轶闻奇事。在行纪中，身为基督徒的马可·波罗对基督教在中国的传播表达了特殊的关注，并且记载了景教徒（景教，即天主教的支派——聂斯脱里教派，唐太宗时从波斯传入中国）在当时中国的传教和活动事迹。遗憾的是，作为一个商人，马可·波罗只关心他所熟悉的教派和物质生活。从元大都的华丽宫殿到中国江南的富人生活，从蒙古大汗的节日庆典到平民百姓的婚丧嫁娶，从造船技术到清洁及卫生事务，从骆驼奶到米甜酒，马可·波罗都做了平实又有趣的记载，但是他"从未提及孔子、老子、庄子、孙子、墨子、孟子的名字，甚至也未曾提起朱熹的名字，我们不得不承认，他对汉语一窍不通，但同时，他对哲学思想又是何等的无动于衷"。[②]

受柏朗嘉宾《蒙古史》及《马可·波罗游记》的影响，英国散文家须约翰（John the Beard）于1357年著成风靡一时的《曼德维尔游记》（The Travel of Sir John Mandeville）。书中充斥着大量关于东方的诱人镜像：无奇不有的"蛮子国"、壮丽雄伟的可汗宫殿、流光溢彩的中国城市、挥霍享乐的大汗君主以及神秘莫测的长老约翰。此书出版后，洛阳纸贵，历久不衰。须约翰也因此被誉为继马可·波罗之后"世界上最伟大的亚洲旅行家"。但奇特的是，须约翰从未去过亚洲，书中关于中国的逼真描写，均为其汲取各方材料，并佐以个人想象的面壁之作。

总之，基督教文明与华夏文明的初遇充满了西方对东方物质财富的贪恋与

[①] 耿升、何高济：《柏朗嘉宾蒙古行记—鲁布鲁克东行记》，中华书局，1985年版，第129页。

[②] ［法］艾田蒲著，许钧、钱林森译：《中国之欧洲》，河南人民出版社，1992年版，第119页。

艳羡，也揭示了西方深层的人性欲望和对东方的社会集体想象。这种对东方的乌托邦想象一直萦绕在欧洲人心头，达三百年之久。直到 16 世纪末，大批天主教传教士来华，将"四书五经"等儒家典籍翻译成西方文字，介绍到欧洲。借助传教士的眼睛，西方世界才真正认识中华文明之奠基者孔子，了解孔子及其学说，并建构出孔子的最初形象。

第二节　孔子形象的最初建构
（16 世纪末期—18 世纪中期）

继柏朗嘉宾和马可·波罗等圣徒、商旅之后，在航海大发现的 16 世纪，葡萄牙人由印度果阿（Goa）到达广州，拉开了远征中国的序幕。1553—1557 年，葡萄牙人开始在澳门居留，自此，澳门便成为欧洲人进入中国的桥头堡。大批传教士从澳门登陆中国，他们与孔子及其学说相遇，进而产生真正的心灵交汇与精神碰撞。早期的来华传教士以意大利籍为主，如罗明坚（Michele Ruggieri, 1543—1607）、利玛窦（Matteo Ricci, 1552—1610）、艾儒略（Giulio Aleni, 1582—1649）、卫匡国（Martino Martini, 1614—1661）、殷铎泽（Prosper Intorcetta, 1625—1696）等。他们积极学习中国文化，了解适应中国社会，熟读儒家典籍，针对儒家典籍展开了大规模的翻译工作。

从 17 世纪中叶开始，利玛窦辞世之后，来华传教士的执牛耳者由意大利人让位于法国人。1685 年，法国国王路易十四正式派遣六名法国耶稣会士入华，推开了中法关系的历史大幕，同时也开启了欧洲 18 世纪"中国热"的鼎盛时期。《中国哲学家孔子》（*Conucius Sinarum philosophus*，1687）、《中国哲学家孔夫子的道德》（*La morale de Confucius, philosophe de la Chine*，1688）、《孔子传》（*Vie de Kong-tse*，1784）等著作在巴黎刊行，在欧洲流传，直接影响了伏尔泰等启蒙思想家。受传教士译著及欧洲"中国热"的影响，英国文学家也开始崇敬中国的孔子，赞美孔子的德行与学说，推崇中国的学者政府。这一时期成为孔子研究的第一个高潮，建构了孔子在西方的最初形象。

一、来华传教士眼中的孔子形象

来华传教士对于儒家典籍的翻译始于 16 世纪末期。据现有资料，1581 年，罗明坚开始尝试用拉丁文翻译《大学》与《孟子》。此后，大量的翻译作品开始涌现。1590年，范礼安（Alexandre Valigmani, 1538—1606）、孟三德（Duarte de Sande, 1531—1600）等编撰出版拉丁文版《关于日本使节朝拜罗马教廷的对话》，第一次向西方人介绍中国的儒教。1591—1594年，利玛窦将"四书"译为拉丁文，随后又于1610年完成五卷本《耶稣会与天主教进入中国史》。1662年（康熙元年），殷铎泽与郭纳爵（Ignatius de Costa, 1599—1666）合译拉丁语版《大学》《中庸》《论语》。1687年，柏应理（Philippus Couplet, 1623—1692）主持编译的《中国哲学家孔子》在巴黎出版。1697年，李明（Louis Le Comte，1655—1728）出版《中国现状新志》。1784年，钱德明（Joseph-Marie Amiot，1718—1793）撰写完成《孔子传》。这批译著首次向欧洲人展示了孔子的画像，介绍孔子的生平和思想，使欧洲知识界认识到孔子这位中国"苏格拉底"的魅力，塑造了"万世圣哲"的孔子形象。其中，《耶稣会与天主教进入中国史》和《中国哲学家孔子》是两部最为重要的译著，对孔子形象在欧洲的最初建构做出了不可磨灭的贡献。

《耶稣会与天主教进入中国史》是西方传教士汉学的奠基者——意大利籍耶稣会士利玛窦撰写的回忆录，也是其最为重要的汉学著作。1583年9月10日，利玛窦获准进入中国，开始了他在肇庆、韶关、南昌、北京、南京长达27年的传教生涯。1608年，利玛窦回顾总结他在中国的传教经历，于1610年2月至5月，完成《耶稣会与天主教进入中国史》的写作。之后，《耶稣会与天主教进入中国史》经耶稣会士金尼阁（P. Nicolas Trigault）编译成拉丁文，于1615年秋在德国奥格斯堡出版。此书的出版在欧洲引起强烈的反响，初版的70年间，先后再版四次（1616年、1617年、1623年、1684年），同时还被转译成法文（1616年在里昂出版，1617年在里尔重印，1618年在巴黎再版）、德文（1617年出版）、西班牙文（1621年出版）和英文（1622年在伦敦出版）。在这部著作中，利玛窦认为"中国最大的哲学家莫过于孔子，他生于公元前551年，享年七十余岁，一生授人以言行与文辞，非常受人尊敬"。[①]利玛窦指出，在中国，读书人都将孔子的言行和著作视为金科玉律，每逢初一和十五，读书人都会举行隆重的祭祀活动，祭拜孔子的塑像和牌位；而帝王则"尊崇孔子并感激他留给后人的治世学说"。由于孔子及其学说的巨大影响，利玛窦将

①利玛窦著，文铮译：《耶稣会与天主教进入中国史》，商务印书馆，2014年版，第22页。

孔子视为"最伟大的哲学家，同时也是儒教之创始人、改革者或教主"。①利玛窦认为孔子是"中国哲学家中最有名的人物，是人们的先师"。除此之外，利玛窦还赞扬孔子的德行，宣扬孔子与人为善的箴言，认为孔子绝不逊色于西方的先贤古哲，甚至还超越了很多西方古人，是"万世圣哲"。

　　这种"万世圣哲"的孔子形象在《中国哲学家孔子》中得到了进一步的塑造。1687年，《中国哲学家孔子》在巴黎出版。此书由比利时籍耶稣会士柏应理主持编译，前后参与此书译述的传教士多达17名，且数易其稿。此书问世仅一年，库赞（Louis Cousin，1627—1707）就编译出版了《中国哲学家孔夫子的道德》一书。又隔三年，《中国哲学家孔子》的英文译本由兰登·泰勒（Randal Taylor）在伦敦出版发行，在欧洲流传开来。《中国哲学家孔子》共由五部分组成：（一）题献路易十四词；（二）绪说；（三）孔子传；（四）《大学》《中庸》《论语》译文；（五）柏应理撰年表数篇。②此书第三部分"孔子传"的开卷便是孔子的全身像。这是欧洲受众首次看到孔子活生生的具象，但同时，此画像也充满了西方的文化想象。在画像中，孔子头戴儒冠，身着儒服，手持笏板，站在一座西式图书馆之前。图书馆上方是二龙戏珠式的门匾，写有"国学"二字，左右两端的柱子上写有"仲尼""天下先师"等字样。孔子身后两侧是装满了中国典籍的书架，左侧自上而下依次是《书经》《春秋》《大学》《中庸》《论语》，右侧是《礼》《易经》《系辞》《诗经》《孟子》。孔子像下方还有有关孔子名讳、家乡和身份的拉丁文简介。"孔子传"部分用8页纸张详细介绍了孔子的生平事迹。根据书中所述，孔子生于公元前550年，自幼聪慧，学识渊博，并且"孔子崇高的精神极为优秀，他的品德极为杰出。他受到称赞是因为他的仁慈、谦虚、真诚和节制以及他对财富的鄙视"。③在书中，孔子还被描述成一位全面的伦理学家，"他的伦理和自然神学统治着中华帝国"。通过对孔子的介绍和《论语》《大学》《中庸》的译介，欧洲人首次全面了解到孔子的哲学和儒学思想，看到以儒学为思想基础的中华帝国文明在精神与道德方面，毫不逊色于西方，并且看到"中国儒家宽容的文化精神与中国的自然神

①许雷：《从传教士到汉学家：西方镜像下的孔子形象衍变》，载于《文艺争鸣》2018年第12期，第187页。

②［法］费赖之著，冯承钧译：《在华耶稣会士列传及书目（上册）》，中华书局，1995年版，第317页。

③Josephus Tela. Life and Morals of Confucius: A Chinese Philosopher. Londres, 1691：12.

论、道德哲学，与欧洲现代人文主义理性主义思潮不谋而合"。①

在来华传教士的眼中，孔子是中国最大的哲学家，是世间至圣至贤的人，是全面的伦理学家。实际上，这种乌托邦化的孔子形象与他们在中国的"适应性"传教策略密不可分。在经过多年的传教探索之后，以利玛窦为代表的耶稣会士认为，儒家学说在中国的地位是独一无二的，如果能将基督教教义嫁接到中国传统的儒家思想上，以此证明所传教义并非异端邪说，而是与孔子的学说思想相融相通，如此便会吸引有识之士的关注，进而受到中国社会的欢迎。这种"耶儒结合"的路线在利玛窦向万历皇帝的宣教中可以得到进一步的印证："上帝就是你们所指的天，也曾启示过孔子、孟子及古代贤君。我们此来，绝不是否定你们的圣经贤传，只是提出一些补充而已"②。作为利玛窦"耶儒结合"路线的忠实追随者，比利时籍耶稣会士柏应理等人在译文的翻译过程中，也借译宣教，挖掘中国儒家典籍与天主教教义的一致性。在耶稣会士的眼中，只有借用孔子的言论，才能有诠释其教义可接受性的机会，进而达到"中华归主"的目的。因此，建构这样一个乌托邦化的孔子形象是非常有必要的。

二、法国思想家眼中的孔子形象

来华传教士的译著在欧洲产生了全面而深刻的影响。勒瓦耶和伏尔泰等法国思想家开始推崇孔子，赞美其学说，并对孔子形象形成了独立的判断和观照。

1641年，法国自由思想家拉莫特·勒瓦耶（La Mothe Le Voyer, 1588—1672）出版《论异教徒的道德》一书。在此书中，勒瓦耶专辟"孔夫子"一章，大量引述金尼阁神父对孔子的描述材料。勒瓦耶将孔子与西方圣哲苏格拉底相提并论，认为孔子与苏格拉底是"整个异教世界最具美德的两位"。在书中，勒瓦耶将孔夫子称为"中国的苏格拉底"，认为孔子的箴言和戒条"始终贯穿在中国的伦理思想中"，"使哲学从天国回到了人间"。③在勒瓦耶看来，孔子在对万物起源的认识和道德智慧方面，不逊于西方圣哲。

法国启蒙思想家伏尔泰（Voltaire, 1694—1778）也深受孔子及其学说的影

---

① 周宁：《天朝遥远——西方的中国形象研究（上卷）》，北京大学出版社，2006年版，第87页。
② 李云泉：《中西文化关系史》，泰山出版社，1997年版，第168页。
③ ［法］艾田蒲：《中国之欧洲（第1卷）》，河南人民出版社，1994年版，第262-267页。

响。在其著作《风俗论》（1756）和《哲学辞典》（1764）中，伏尔泰多次提到孔子。在《风俗论》的第二章中，伏尔泰写道："生活在2300年前、稍早于毕达哥拉斯的孔子，弘扬为人处世公正无私的这种信仰。他时而事诸侯的宰相，时而遭受放逐，贫困流浪。但不论是身居显位，或是在失意之时，他都宣扬这种信仰并身体力行。……他不是先知，他不自称得到神的启示，他所得到的启示就是经常注意抑制情欲；他只是作为贤者立言，因此中国人只把他视为圣人。"①伏尔泰在这里强调了孔子作为"中国圣贤"身份的意义，赞扬了孔子对"公正无私"信仰的坚持，指出他一生躬行"不忘旧恶、不忘善行、友爱谦恭"的德行，因而使整个国家"尊其为师"。在《哲学辞典》"中国教理问答"条目中，伏尔泰记录了孔子弟子穀傚与鲁国公子虢的六次问答。在问答中，穀傚引用《论语》中的两句话"善终吾身，死而无怨；己所不欲，勿施于人""以直报怨，以德报德"，劝导公子虢应当心怀仁恕，赏罚严明，不迷恋往生之事，并戒除骄奢淫逸。最后，公子虢说道："我愿遵守这些德行，并且信奉神明。我要从政以仁，敬神以礼，远离荒诞和虚伪的迷惑。"②穀傚认为，公子虢必将成为有德的明君，能够让国家太平，百姓安居乐业。这里，伏尔泰为孔子形象注入了新的精神血脉，他不仅是授人以"美德"的"先贤古哲"，而且也是教化人心的优秀教师，使后辈能谨守美德、近朱远墨。在"论中国"这一条目中，伏尔泰赞美孔子及其"儒学"："孔子的理论对于现在的西方世界也有许多借鉴之处。比如，孔子不宣扬任何一种宗教，也不奉承当朝的皇帝。我用心钻研过他的学说，我非常喜欢他著作中蕴含的道德色彩。孔夫子的权威性毋庸置疑。对于中国的儒家学说，我要充分表达我的敬意。这里面看不到迷信，看不到传说和死板的教条，到处都是对理性的无比尊崇。"③伏尔泰将孔子视为"权威性"的代表而加以崇奉，钦佩儒教"对理性的无比尊崇"。这无疑熔铸了他对儒学思想的深层次思考和认识。凭借这种认识和理解，伏尔泰对孔子形象做出了自己独立的观照："孔子不创新说，不立新礼；他不做受神启者，也不做先知。他是传授古代法律的贤明官吏……他并没有宗教，他的宗教就是所有皇帝和大臣的宗教，就是先贤的宗教。孔子只是以道德谆谆告诫人，而不

---

①伏尔泰著，梁守锵译：《风俗论》，商务印书馆，2017年版，252-253页。
②伏尔泰著，续建国编译：《哲学辞典》，北京出版社，2008年版，第71页。
③同上，第85页。

宣扬什么奥义……孔子有弟子五千，他可以成为强大的党派的领袖，但他宁愿教育人，不愿统治人。"[1]至此，孔子形象的认知维度开始丰富起来。孔子不仅是伦理学家、哲学家、"万世圣哲"，而且也是教化人心的优秀教师，以道德谆谆育人，更是世俗的、非超验性的东方智慧的象征。

思想家们对孔子及其学说的赞美无疑是存在政治动机的。艾田蒲指出，拉莫特不顾封建专制主义与神权主义的威压，赞美异教徒的美德，实际上是试图将"人文主义引向摆脱宗教束缚的自由思想"。[2]伏尔泰歌唱他心目中"完美"的"孔夫子"形象也正是他要张扬儒家文明模式，实现"托华改制"政治理想的时候。在伏尔泰看来，中华帝国的"开明君主"制度，在世界上是独一无二的，堪称欧洲的模范。然而，伏尔泰倾心描绘的中国不是真实的中国，"与其说是中国现实，毋宁说是'中国幻景'或称之为'中国神话'"。

三、英国文学家眼中的孔子形象

相比于对东方发现做出迅捷反应的意大利和法国，这一时期的英国显然是较为滞后迟缓的群体，但他们中也不乏对孔子及其学说表现热情的文学家。他们进行不同的文学创作，塑造出了丰富的孔子形象，其中最为突出的就是英国的威廉·坦普尔爵士（William Temple，1628—1699）、戏剧家亚瑟·谋飞（Arthur Murphy，1727—1805）和奥利弗·哥德史密斯（Oliver Goldsmith，1728—1774）。

威廉·坦普尔是英国享有盛誉的外交家、政治家、文学家，一生多次撰文赞誉中国，是孔子及儒学的忠诚追随者。1692年，在《讨论古今的学术》（*On Ancient and Modern Learning*）一文中，坦普尔将孔子与苏格拉底相提并论，认为孔子"呼吁人们从无用的与无休止的对自然的考察转到对道德的思索上来"。[3]1657年，在《论英雄的美德》（*Of Heroic Virtue*）一文中，坦普尔称赞孔子是"中华民族的英雄……是最有学问、最有智慧、最有道德的中国人……每个朝代的帝王官员都对孔子致以无上的敬意"。[4]坦普尔认为，孔子著书立

---

① 伏尔泰著，梁守锵译：《风俗论》，商务印书馆，2017年版，第88页。

② 艾田蒲著：《中国之欧洲（第1卷）》，河南人民出版社，1994年版，第255页。

③ Spingarn J E. Critical Essays of the Seventeenth Century, Vol. III. Oxford University Press, 1908：43.

④ William Temple. The Works of Sir William Temple, Vol. III. Printed for J. Brotherton, 1770：331.

说，使自伏羲以来的所有学问得到高扬，"对公民或政治能力的提升都是有必要的或者有用的"。没有人质疑孔子写的东西，而是承认它是最真实、最好的建议。18世纪英国文学评论家塞缪尔·约翰逊（Samuel Johnson, 1709—1784）认为，孔子整个学说的倾向是在于宣扬道德性，并使人性恢复到它原有的完善状态。坦普尔完全赞同约翰逊的观点。他认为，孔子的著作"似乎是道德的整体。所有的道德，无论是个人的、经济的、公民的或政治的，都是为人们的生活、家庭和政府的制度和行为设计的"。①坦普尔赞美孔子所教诲的"真善美"之奥妙，认为"一个国家的所有人，从王子到最卑贱的农民，都应该努力做到善良、聪明和有道德"。②在坦普尔看来，孔子学说的中心原则，就是宣扬"每个人都应学习和努力提高、完善自己的自然理性，使其一生不偏离自然法则"，强调"如何生活得好，如何为人父母，如何管理好自己"。应该说，坦普尔把握了孔子学说的精髓，他对孔子著作的理解印证了孔子"自天子以至于庶人，壹是皆以修身为本"的政治主张。在坦普尔眼中，孔子及其所倡导的学说应成为英国的楷模，是英国效仿的榜样。坦普尔极力推崇中国政府运行制度，因为中国政府是"建立在最深固和最智慧的基础之上的政府"，而这种最深刻最智慧的基础就是儒家思想。在《政府的起源及其性质》（*Essay upon the Original and Nature of Government*，1671）一文中，坦普尔认为，"政府的管理形式多种多样，但是其间差别远不及政府管理人员的品格来得巨大。古时候有一种说法，叫作在最好的政府里帝王就是哲人，或哲人就是帝王"。③在坦普尔看来，依据孔子及其学说建立起来的中国政体拥有最大的智慧和力量，远胜过其他国家和人民。可以说，坦普尔所形塑的孔子是非凡的天才，是自然理性的代表，有着令人钦佩的美德、卓越的天性、广博的知识、优雅的风格，其学说开创了理想的政府运行方式，是"真正的爱国者和爱人类者"。

1756年，英国戏剧家亚瑟·谋飞创作了一出扣人心弦的情节剧《中国孤儿》（*The Orphan of China: A Tragedy*）。这部戏剧是基于伏尔泰的《中国孤儿》改编而成的。谋飞在保留角色的基础上，重新安排剧情，由原来的搜孤、救孤两出戏扩充到搜孤、救孤、锄奸、报仇四部分内容。虽然谋飞消解了伏尔泰对

---

① William Temple. The Works of Sir William Temple, Vol. III. Printed for J. Brotherton, 1770：332.
② 同上，p.332.
③ 转引自范存忠：《中国文化在启蒙时期的中国》，上海外语教育出版社，1991年版，第14页。

中国道德的颂扬，但在该剧的序幕中，谋飞还是引用了桂冠诗人威廉·怀特海（William Whitehead，1715—1785）的诗行："今天晚上，我们诗人附着老鹰的翅膀/为了搜求新颖的品德，飞往日出的地方/从中国的东海之滨给咱们英伦人士勇敢地带回了一些孔子的道理"[1]。可见，孔子及其学说对谋飞创作的影响。通过贯穿作品始终的"救孤"和"搜孤"的戏剧冲突，谋飞精心塑造了臧蒂（Zamti）这一形象，将臧蒂视为儒家文化的化身来表现。为保护前朝遗孤若非列（Zaphimri），臧蒂将自己的儿子送往高丽，将若非列当作亲生儿子精心抚养。二十年后，当铁木真心生怀疑之时，臧蒂宁愿牺牲亲生儿子也要保护先帝遗孤。面对铁木真的严刑拷打，臧蒂坚贞不屈，闭口不言。在谋飞看来，臧蒂恰似当年面临"礼崩乐坏、瓦釜雷鸣"的孔子。臧蒂那陷困境而不惧、义不容辞的精神与当年孔子"文王既殁，文不在兹乎"的历史责任感别无二致。而臧蒂对若非列交代遗言后含笑而终、安然离世，更是儒学"全"与"粹"人格追求的完美写照。

奥利弗·哥德史密斯是18世纪著名的英国剧作家，以剧作《善性之人》（The Good-Natured Man，1768）及《屈身求爱》（She Stoops to Conquer，1773）而闻名于世。早在1760年，哥德史密斯连续数月在伦敦《公簿》（The Public Ledger）刊发《中国人信札》。1762年，哥德史密斯将123封《中国人信札》修订，刊印成八开本两册，上册为《一位世界公民给东方朋友的信》（Letters from a Citizen of the World to His Friends in the East）。虽然没有到过中国，但是哥德史密斯将伏尔泰、柏应理、李明等建构的孔子形象投射于《一位世界公民给东方朋友的信》之中，多次提及孔子所倡导的孝悌忠信礼义廉耻。比如，在第43函中，主人公李安济（Lien Chi Altangi）向儿子兴波（Hingpo）阐释幸福的哲学含义。在信的末尾，借李安济之口，哥德史密斯说道："灾难的最大根源在于后悔或期待。因此，只考虑当下而不管过去或未来的人最明智。"[2]这与孔子的主张有异曲同工之妙。《论语·子罕》中，子在川上曰："逝者如斯夫，不舍昼夜"。孔子感慨时间一去不复返，往者不可追，来者尤可惜。明智的人应不恋过往，不畏将来，只在当下。此外，在《论语·八佾》中，鲁哀公问社稷于孔子，子闻之，曰："成事不说，遂事不谏，既往不咎"。只有保持

---

①转引自范存忠，《中国文化在启蒙时期的中国》，上海外语教育出版社，1991年版，第137页。
②Goldsmith O. The Miscellaneous Works of Olive Goldsmith, Vol. III. S& R. Bentley, 1820：244.

既往不咎、不负当下的人生态度，才能获得真正的幸福。第94函中，李安济告诉兴波："失望的爱情使青年人受苦，失望的雄心使成年人受苦，成功的贪婪使老年人受苦"。显然，这也出自孔子，来源于《论语·季氏》"君子有三戒：少之时，血气未定，戒之在色；及其壮也，血气方刚，戒之在斗；及其老也，血气既衰，戒之在得"。孔子对君子应具备的品质、道德、修养做出说明，认为人生在不同的阶段有不同的欲望。君子，无论是哪个年龄阶段，都应在"礼"的约束下，通过正当合理的手段来得到和满足。孔子认为，君子应坚守底线，约束自我，保持品格与操守。在这封信中，李安济还对兴波说："人生就是一段旅程；这是一段必须旅行的旅程，无论道路或住宿是多么的糟糕。如果一开始它就被认定为危险的、狭窄的、困难的，那么它最终一定会变得更好，否则我们就要学会忍受它的不平等。"①孔子提倡温良恭俭让，忍耐是其学说的重要组成部分。谦逊礼让、反躬自省才能不为物欲所迷，不为巧言所惑，最终修身立德，明道达意。

可以看到，16世纪末至18世纪中期的欧洲肯定了孔子的异教徒之美。在来华传教士的眼中，孔子是中国最伟大的哲学家，是不逊色于西方古哲的"万世圣贤"，是自然理性的代表，是中华文明的奠基人。在思想家的眼中，孔子是"中国的苏格拉底""异教世界最具美德之人"，是世俗的、非超验性的东方智慧的象征。在文学家眼中，孔子是非凡的天才，有着令人钦佩的美德、卓越的天性、广博的知识、优雅的风格，其开创的学者政府实现了柏拉图的"理想国"，是真正的"爱国者和爱人类者"。西方对孔夫子及其学说没有拒斥，反而将其播撒于宗教教义、政治理想和文学作品中。通过对孔夫子这一"他者"的逐渐理解、接近和接纳，西方开始了对中国文化的逐渐认识和了解。

第三节　孔子形象的变形
（18世纪末期—19世纪）

以利玛窦为代表的耶稣会士推崇孔子学说优越性，融汇基督教义与儒学思想以及允许中国教徒祭孔祭祖等行为引发了欧洲从17世纪中叶持续到18世纪

①Goldsmith O. The Miscellaneous Works of Olive Goldsmith, Vol. III. S& R. Bentley, 1820：182.

中叶的"中国礼仪之争"。1700年后，罗马教廷决定禁止中国礼仪，并于1705年、1720年两次派特使出使中国，向清朝政府重申教廷反对中国礼仪的立场。康熙皇帝为此举所怒，遂规定凡来华传教士只得自行奉教，不得传教。1722年，雍正皇帝即位后全面禁教，天主教传教进入地下传教的非法状态。

如果说中国礼仪之争是出于欧洲的宗教利益与文化偏见，那么1793年，马戛尔尼使团访华事件使欧洲人对中国文化顶礼膜拜的态度发生了历史性转折。1792年9月26日，乔治·马戛尔尼（George Macartney，1737—1806）率领使团从英国起航，1793年9月17日，使团在热河觐见乾隆皇帝，庆贺乾隆八十寿诞，并提出通商要求。由于政治、经济结构的截然不同，马戛尔尼使团没有取得任何谈判成果，清朝政府完全拒绝了英国提出的六项通商要求，并勒令马戛尔尼使团由广州返回英国。使团成员爱尼斯·安德逊（Aeneas Anderson）在《英使访华录》中这样描述他们的出使经历："我们像要饭的一样进入北京，像囚犯一样被监禁在那里，而离开时简直像是盗贼。"自此，在欧洲，中国神话被颠覆，"中国热"迅速冷却，与中国相关的文字描述由褒至贬。

1840年鸦片战争爆发之后，英国侵略者再次打开中国的大门，中国开始沦为半殖民地半封建社会。西方外交官、传教士、商人游客等涌入中国，以居高临下之姿态俯视中国文化。他们的眼中再也没有对中华文明的欣赏与赞美，取而代之的是西方意识形态主导下的歧视与偏见。因此，孔子形象也随之发生变形，由"万世圣哲"沦为贬斥和鄙视的对象。这一时期，由于资本主义经济的迅猛发展、海外殖民地的快速扩张以及中英文化的频繁交流，英国逐渐取代意大利、法国，成为孔子及其学说的研究重地。

一、英国传教士眼中的孔子形象

理雅各（James Legge，1815—1897），英国著名汉学家，伦敦布道会传教士，是西方首位系统研究、翻译中国古代典籍的学者。其译著包括《论语》《大学》《中庸》《孟子》《尚书》《竹书纪年》《诗经》《春秋》《左传》《诗经》《孝经》《易经》《礼记》《离骚》《道家文本》。除此之外，理雅各还著有一系列中国文化的批评性论著：《中华帝国的儒教》《佛国记》《孔子——中国的圣贤》《孟子——中国的哲学家》《中国编年史》《中国古代文明》《中国的诗》，等等。

与利玛窦"适应性"传教路线相同，理雅各认为，传教成功的关键是了解中国人的思想信念、行为方式及政府的运行和管理模式，而儒家典籍是涵盖这一切的思想宝库，因此"将孔子的著作译文与注释全部出版会大大促进未来的传教工作"①。理雅各指出，儒学不像佛教和婆罗门教那样与基督教对立，"不要以为花了太多功夫去熟悉孔子的著作是不值得的……他们越多避免驾着马车在孔夫子的墓地上横冲直撞，就能越快看到中国人的心中树立起了耶和华的神殿"②。

与利玛窦等传教士不同的是，理雅各对儒家典籍的译介并非只翻译其内容，而是积极主动地去诠释表达。在翻译过程中，理雅各使用了大量的解释性文字。首先，他在译文的始末部分添加详细的绪论、具有注释的文献目录以及全面的索引，如《中国经典(第一卷)》的开卷即是长达136页的绪论，共6章，分别介绍了中国的古典名著及其权威性，汉代《论语》的成书、评论及不同解读，《大学》文本的历史、作者及价值，《中庸》的地位、作者及价值，孔子及其弟子的主要情况以及为编制本卷而参考的主要著作一览表。其次，在译文的正文部分，为了照顾不了解中国文化的英语读者，理雅各插入了详尽的注释说明，来介绍事件发生的背景、自己对经文的评价以及经文的其他解读。严谨的翻译方法、系统的译介内容以及丰富的研究性注释使理雅各的翻译版本成为孔子研究和引用的经典之作，深刻影响了此后顾赛芬（Couvreur Seraphin，1839—1919）的法语译本和卫礼贤（Richard Wihelm，1873—1930）的德语译本等，是西方汉学翻译和研究的标杆。

理雅各翻译儒家典籍，向英语读者展示博大精深的中华文化的同时，也建构了一个去圣化的孔子形象。在《中国经典（第一卷）》的绪论中，理雅各详细叙述了孔子的生平事迹，动情描绘了孔子一生的穷途奔波、颠沛流离，将孔子还原为一个活生生的人。根据理雅各的描述，公元前527年，孔母卒，孔子得父母合葬于防，以土封墓，坟高四尺。后遇大雨，坟墓倒塌，孔子闻之，放声大哭。孔子葬母是《礼记·檀弓》中的著名故事。孔子破除旧规，以父母合葬并筑起高四尺的坟起，而开创了"墓而坟、夫妇合葬"的先河。但是，理雅各却着重描绘了一个孝顺体贴的孔子形象。他认为孔子葬母，是"一个孝顺儿

①Helen Edith Legge. James Legge：Missionary and Scholar. The Religious Tract Society, 1905：32-38.
②理雅各：《中国经典（第一卷）》，华东师范大学出版社，2011年版，第10页。

儒家文化对外传播路径研究——基于欧美游客认知视角

子向一个好母亲所表达的最后的敬意"①。当看到父母坟茔上的泥土被雨水冲走时，孔子"放声大哭，为自己的创新而悔恨"。在理雅各的笔下，孔子不再是高高在上的东海圣人，而是走下了神坛，成为有喜怒哀乐的实实在在的人。他也会像普通人一样伤心落泪，为自己的决定追悔莫及。此外，理雅各分析了孔子休离事件，认为孔子并未出妻。理雅各指出，伯鱼之母死，期而犹哭，孔子递信与鲤，曰："其甚也。"孔子认为孔鲤的哀悼超出了礼的范围，但当颜回之死讯传来时，"孔子泪如雨下，超越了礼数的界限"②。孔子教导他人守礼，但当其亲历切肤之痛时，却有悖于礼制，让人哭笑不得。除此之外，理雅各还认为，孔子非常讲究居家做客以及处常处变之礼。居家之时，孔子居不客，寝不尸，连寝衣也要长一身有半。对于饮食，孔子食不厌精，脍不厌细，但却唯酒无量，不及乱。对于待客之礼，孔子应邀做客，必变面色而感激致谢；遇见迅雷烈风，孔子也一定会改变神色；见到穿丧服的人，孔子也会严肃起来，即使在马车上，也要俯伏在马车横木上以示同情。理雅各认为孔子是仁慈慷慨的人，"朋友去世，没有亲人办丧事，孔子会说：'丧事由我来办吧'"。③

理雅各将孔子一生的行状置于显微镜之下，勾勒出温柔敦厚、遵礼尚义、具有人性光辉的孔子形象。这样的孔子栩栩如生，豁然洞开，令人时而忍俊不禁，时而倍感同情，时而肃然起敬。然而在这种去圣化的孔子形象之外，理雅各的译本也折射出些许东方主义的歧视与偏见，对孔子的宗教观、人格、教育理念及治国理念展开了严厉的质疑和挞伐。

首先，理雅各认为孔子是"无宗教的"。孔子"并不为解释人类的起源而烦恼，也不寻求了解人的来世"，"他从来没有学习过，也没有听到过相关信息，更没有亲眼目睹"。④虽然孔子屡次提到"天"，如《论语·宪问篇》中的"知我者其天乎"，但是理雅各指出，孔子对宗教是冷淡的，"他的影响不利于在中国人民中发展热烈的宗教感情"。⑤在理雅各看来，孔子故意回避对"天"的解释。季路问事鬼神，子曰："未能事人，焉能事鬼？"曰："敢问死？"曰："未知生，焉知死？"孔子意识到"天"的存在，但却敬而远之，将民众所进行

---

①理雅各：《中国经典（第一卷）》，华东师范大学出版社，2011年版，第62页。
②同上，第71页。
③同上，第89页。
④同上，第97-98页。
⑤同上，第99页。

的祭祀活动视为"履行孝道"的行为。理雅各将孔子的"无宗教性"与基督教义进行比较，感叹"孔子缺乏对贫穷和身心受创人士的怜悯"，认为孔子支持血腥报复，"尤其当双亲和近亲遭谋害时"，与基督教义所倡导的宽容仁爱相距甚远。

其次，理雅各指责孔子是不诚实的。孔子教导他人应真实坦率，但其自身却并不诚实。《论语·雍也》中，鲁国军队溃败，孟之反不伐，奔而殿后，并将此归因于"马不进也"。理雅各认为，"孟之反的行为是勇敢的，但借口过于牵强，没有必要。但孔子却对此视而不见，反而赞扬了孟之反"①。《论语·阳货》中，孺悲欲见孔子，孔子辞以疾。理雅各认为，"这些都是小事，但却印证了孔子故意违背誓言，仅仅是因为被人强迫"。在理雅各看来，中国政府行为之欺诈、言语之虚假，孔子的伪善应负很大的责任，"那引导他们的，使他们走错了路，并毁坏了他们所行的道"②。理雅各接着剖析了孔子的无宗教性和他的伪善之间的关系。理雅各认为，孔子不信教，所以才会不诚实，"有些美德需要真正的虔诚才能在人们心中繁荣。自然的情感、忠诚和开明的政策，也许对建立和维护一个家庭和一个国家有很大的作用，但是它需要更多的是保持对真理的热爱，使一个谎言，无论是说出来的还是做出来的，都羞于承认……不幸的是，中国人没有这些，而孔子，作为最优秀和最聪明的人，中国人顶礼膜拜的榜样，却没有反对中国人去装糊涂"。③

再次，理雅各严厉抨击孔子的教育理念，认为孔子不关注个人的发展。理雅各认为，孔子的毕生理想是追求天下太平。为了实现天下太平，每个人都应尽自己的五伦义务和责任，即处理好君臣、父子、兄弟、夫妇和朋友之间的关系。只有忠实履行自己的职责，才能四海升平。理雅各指责孔子将社会福利置于个人发展之上，教导人遵守道德准则，维护道德秩序，却无视人的自由本性，忽略人的全面发展。理雅各还批判孔子的性别教育，认为孔子将男子视为任天道而长万物者，而女子只能顺男子而长其理也。并且，女子应谨守妇德，遵从三从七出三不去之道。理雅各嘲讽孔子将教育重心放在"齐明盛服，非礼不动"的修身内省上，却"从来没有清楚地看到过，在人身上有一种邪恶的力

①理雅各:《中国经典（第一卷）》，华东师范大学出版社，2011年版，第100页。
②同上，第100-101页。
③同上，第101页。

量，他们自己的任何努力和圣贤的任何指示都不能制服这种力量"。①

此外，理雅各对孔子的治国理念充满了无情而贬低的态度。理雅各认为，孔子没有为中国和其他独立国家的交往提供思想上的准备。在儒家思想中，中国是中央之国、诸夏或天下，而周围国家都是粗鲁野蛮的未开化部落，欧洲和世界其他地区都不能排除在外。"当他国政府要和中国平等相处时，出于传统和偏见，暴行就会发生。"②理雅各认为，孔子关于政府的理念只适用于小国寡民的原始状态，"对于一个家族的父亲，一个家族的首领，一个小国的元首来说，孔子是一个很好的顾问"③。但随着时代的发展，孔子的学说已经过时，中国"已经超越了其古老的维度，但是没有相应的思想发展。它的国家有巨人那么大，而它的头脑还保留着小孩子的样子"④。理雅各预言，当中国和一个基督教文明国家发生冲突时，中国肯定会四分五裂。孔学没有留给中国任何保护性的或修复性的成分。理雅各建议中国将目光从古代圣贤身上移开，转向上帝，转向耶和华，去寻找希望。

通过对儒经的英文注疏，理雅各塑造了一个去"神化"的孔子形象，部分还原了真实的孔子，也在一定程度上展现了中国悠久的历史文化传统和伟大的古代思想。但是作为一名宗教机构知识分子，理雅各并未抛弃自己的欧洲中心主义和基督教偏见。他接受资本主义文化与政治导向的询唤，成为殖民意识的主体，将自身的世界观折射于孔子这一"他者"的标准评判之上，从比较的视角将孔子予以贬低否定，认为孔学已经不符合时代的要求，只有基督教才能拯救中国。通过中国经典的译介，理雅各表明了"中国经典中有的，西方也有，中国经典没有带来任何新的东西，与基督教神学相比，他们的教义是不完整的"⑤。虽然在《中国经典（第一卷）》的绪论末，理雅各修正了对孔子的批判，重新称赞孔子是一名在许多方面都值得钦佩，不少事迹都值得基督徒效仿的圣人，认为"关于这位圣人的个性和观点，我研究他越多，就越尊重他。他是一位很伟大的人，并且他的影响力对中国人来说是巨大的。他的教导给我们这些自称属于基督学派的人提

---

①理雅各：《中国经典（第一卷）》，华东师范大学出版社，2011年版，第106页。

②同上，第108页。

③同上，第107页。

④同上，第107页。

⑤Thierry Meynard S J. Confucius Sinarum Philosophus(1687): The First Translation of the Confucius Classics. Institutum Historicum Societatis Iesu, 2011：20.

供了重要的教训"①，但是其译本所传达的孔子形象偏离事实，失去真实，成了西方先进文明的映衬，对后世产生了巨大影响。

二、英美外交官眼中的孔子形象

理雅各的译著在西方得到广泛的传播，"五十余年来，使得英国读者皆能博览孔子经典"②，其译本所传达的孔子形象也得到了同时代本国在华外交官的呼应。时任英国领事官的翟理斯（Herbert Allen Giles，1845—1935）赞同理雅各的看法，认为孔子太过于重视道德修养，"不厌其烦地强调美和信的必要性"③。曾任英国驻华公使的威妥玛（Thomas Francis Wade，1818—1895）嘲讽孔子创立的"儒家不是宗教，而是一种普通的伦理兼政治的纽带，让数以百万计的人受到集权统治"④。

不仅如此，理雅各译本所建构的孔子形象也对后世产生了巨大的影响。卫三畏（Samuel Wells Williams，1812—1884）是最早来华的美国传教士之一，美国汉学研究的先驱者，曾任美国公使团秘书、代办和代理公使等职务20余年。他所著的《中国总论》对当时中国的政治、法律、教育、科学、宗教、商业、地理、人口等诸方面进行了全方位的论述，被美国人视为研究中国的权威专著。在《中国总论》中，卫三畏多次提到了"理雅各博士"，深受理雅各译本的影响。

卫三畏声称，他撰写《中国总论》的目的是"为中国人民及其文明洗刷掉古怪的、模糊不清的可笑印象"⑤。他认为，中国当时的社会状况已成为西方嘲笑的对象和讽刺的主题，中国及其人民的每一方面都被基督教世界视为"滑稽表演"。通过对中国"政府及其行为准则、文学和科技考试的梗概、社会、实业、宗教状况，进行朴实无华的描述，就像讲述其他国家一样，将他们放在适当的位置"，⑥卫三畏试图展示中国"民族性格中更美好的品质"，证明中国是"最文明的异教国家"。可以说，卫三畏的出发点不错，他对中国的全面评述在一定程度上修正

①理雅各：《中国经典（第一卷）》，华东师范大学出版社，2011年版，第110页。

②忻平：《王韬评传》，华东师范大学出版社，1990年版，第79页。

③［英］翟理斯著，刘帅译：《中国文学史》，首都师范大学出版社，2017年版，第24页。

④William Jennings. The Confucian Analects: A Translation, with Annotations and an Introduction. George Routledge and Sons, 1895：13-14.

⑤［美］卫三畏著，陈俱译：《中国总论》，上海古籍出版社，2005年版，第4页。

⑥同上，第3页。

了西方人对中国的偏见，但总体上，卫三畏沿袭了理雅各译本中孔子形象及儒学精神的歧视和偏见，并表现了西方中心主义的自大与傲慢。

首先，卫三畏批评孔子的教育理念，认为儒学教育是幼稚无聊的强迫式教育。他认为，儒学的教育目标"不大在乎学习知识，而在于训练心灵，纯洁情感"，要求孩子从小就要在最小的细节上表现出良好的教养，而这类教育在卫三畏看来"非常琐碎，甚至很幼稚"。① 在教材上，卫三畏指责儒家经典著作"单调乏味"，十三经之一的《孝经》是"无聊的初级读物"。他质疑儒家经典的真实性，讽刺"国人并不相信他们提出的疑点，仍然当作圣人的话来背诵"。② 在教育方法上，卫三畏认为孝道被过分赞扬，父母强迫孩子服从道德命令，儿童和青年的教育以"以训词和范例反复灌输，劝其遵行"为主。遵循此类的教育方法，卫三畏指出，"必然使幼稚心灵的力量没有得到正确知识的滋养而发展，只能是天赋受到遏制"。中国学生就像"被扭曲成盆景的小树一般，这样违反自然的栽培法只能长出不像样的果实"。③ 卫三畏认为，中国的儒学教育只将读书视作获取目的的手段，很难转变成人生的指南或乐趣。

其次，卫三畏将中国的中央集权和保守主义归因于孔子教导的结果。他认为，"孔子哲学的首要特征是对上级和家族的从属关系"，④ 通过社会成员的自我约束和对等级秩序的自觉遵守，即"克己复礼"，实现整个社会秩序的重建。作为社会秩序的执行者和维护者，中国的知识阶级兼备了欧洲封建社会贵族和僧侣的职能，形成永恒的结合，"门第无可替代"。卫三畏认为，孔子所主张的政治思想，辅以人民的温顺，对封建社会的中国确实起效，"考虑到所有这些，不可能设计出更好的方案来保证政府的永久性，或使人民在政府的管理之下心满意足"。⑤ 而"更弱的国家仰望中国，因为他们看不到更高的典范"。⑥ 卫三畏认为：在当时的中国，孔学已经过时，中国未来的希望在于皈依基督教；只有"通过和平地传播良好秩序和自由的真理原则"，中国才能"从目前软弱无知的状态中提到新的高度"。⑦

---

① ［美］卫三畏著，陈俱译：《中国总论》，上海古籍出版社，2005年版，第362-363页。

②同上，第372页。

③同上，第376页。

④同上，第460页。

⑤同上，第361页。

⑥同上，第646页。

⑦同上，第646页。

此外，卫三畏也鼓吹所谓中华文明"西方起源论"，指责孔子的无宗教性，妄图"以耶代儒"。卫三畏质疑中国历史的起源，认为伏羲年代的真实性非常可疑。他援引理雅各的观点，声称，"基督降临之前的5411年是创世之时，3155年是大洪水。如果我们设想大洪水是世界地理知识，挪亚自视为全世界的王，在他死后后裔分散各地，黑发人种的祖先以及闪的家族和血统沿着幼发拉底河流域越过中亚峡谷和草原，在大洪水的第三世纪末期之前到达肥沃的中华平原，并非不可能的事"。① 按照卫三畏所谓的主张，中华民族的祖先，应该都是圣经中先知挪亚的子孙。卫三畏以自身宗教信仰、价值信仰为指归，将中国纳入西方人种序列观之中，认为中华文明起源于西方，现虽逊于西方诸民族，但却仍处于文明之位。卫三畏人为地划分了西方与中国之中心与边缘的二元对立，将中国纳入西方的权力话语，美化帝国主义扩张行为和文化殖民主义意识。卫三畏批判孔子的无宗教性，宣称孔子"承认自己对神懂得不多，认为神是在人的理解力之外、之上"。② 卫三畏认为，孔子"关于宗教的话非常少"。除了教导公民对亲属和社会尽责之外，孔子"对任何更高的力量应尽什么义务"漠不关心。卫三畏笃信所谓"神的允诺将实现以赛亚的预言，这一预言在孔子之前的年代里就已做出；上帝的人民将从希尼之地来到，加入阳光下每一部落的赞美大合唱"。③

可以看到，在19世纪长达百年的西行历程中，孔子及其学说在欧洲受到冷遇，成为传教士和外交官批评的对象。他们嘲笑孔子的伪善与无宗教性，蔑视孔子的教育和治国理念，认为孔学已然过时，只有所谓西方先进文明才能救中国。这种对孔子形象的贬低、否认和意识形态化描述成为当时的一种所谓"共识"，很少有人能够"超越"。但是，乌云遮日终散去，青山虽隐依旧在。就在孔学在欧洲的声誉步入低谷之时，英美文坛巨擘托马斯·卡莱尔（Thomas Carlyle，1795—1881）、拉尔夫·爱默生（Ralph Emerson，1803—1882）和亨利·梭罗（Henry Thoreau，1817—1862）却反其道而行之，屡屡在公开场合称颂孔子，对孔子的言论信手拈来又切中肯綮，成为中国文化的西方知音。

① ［美］卫三畏著，陈俱译：《中国总论》，上海古籍出版社，2005年版，第680页。
②同上，第721页。
③同上，第5页。

三、英美文学家眼中的孔子形象

托马斯·卡莱尔，英国历史学家、散文作家和社会思想家，著有《旧衣新裁》《法国革命》《论历史上的英雄、英雄崇拜和英雄业绩》《文明的忧思》等，曾被誉为维多利亚时代"切尔西的圣哲"。

在其多数作品中，卡莱尔揭露和批判了英国资本主义对劳动人民的剥削和压榨，指出英国社会宗教信仰坍塌，政治制度腐败，官员在其位不谋其政，商人庸碌无为、虚伪拜金。卡莱尔对英国社会的控诉和批判得到了马克思的公开赞扬，"当资产阶级的观念、趣味和思想在整个英国正统文学中居于绝对统治地位的时候，他在文学方面反对了资产阶级，而且他的言论有时甚至具有革命性"[1]。卡莱尔认为，挽救英国，避免其崩溃的唯一方法是"英国必须学会尊崇英雄"。[2] 如果没有英雄，英国将沦落为"虚假之源"，公民"崇拜谎言"，灵魂也会"因谎言而死去"。卡莱尔政治观的主导思想就是英雄史观，他认为，不仅是英国，而且整个欧洲社会都应该实行精英统治，只有真正的精英统治，欧洲才"可能继续存在下去"，才可能实现"自由与平等"。

《论历史上的英雄、英雄崇拜和英雄业绩》是卡莱尔的代表作，根据1840年5月卡莱尔在伦敦发表的六次演讲整理而成。在书中，卡莱尔提到了奥丁、穆罕默德、但丁、莎士比亚、路德、诺克斯、约翰逊、彭斯、卢梭、克伦威尔和拿破仑等11位英雄人物，并把他们分为神明英雄、先知、诗人、教士、文人和帝王六种不同的类型。卡莱尔认为，"整个世界历史的精华，就是伟人的历史"。世界上存在的一切成就，是"来到世界上的伟人的内在思想转化为外部物质的结果，也是他们思想的实际体现和具体化"[3]。卡莱尔对历史上的英雄事迹、英雄气概和英雄精神进行了高度颂扬，认为英雄是"灿烂夺目的光源，能使接近者受益与愉悦，其闪烁的光芒照亮了世界的黑暗"。[4] 英雄不仅像盏明灯，"更像上帝赐予的日月光辉"。在英雄光辉的照耀下，"人人都会感到受惠无穷"。并且，在此书中，卡莱尔援引中国的政治制度来佐证他的英雄

①恩格斯：《马克思恩格斯全集（第7卷）》，人民出版社，2008年版，第300-312页。

②［英］卡莱尔著，郭凤彩译：《文明的忧思》，金城出版社，2011年版，第58页。

③［英］托马斯·卡莱尔著，周祖达译：《论历史上的英雄、英雄崇拜和英雄业绩》，商务印书馆，2010年版，第1页。

④同上，第2页。

史观。他说:"我曾经听到中国人一件最有趣的事情,对此,虽然未能了解很清楚,只是模模糊糊的,但令人非常感兴趣。这就是中国人想把文人培养成他们的执政者!……其小小的成功是可贵的,就是这种设想本身也是很可贵的"①。卡莱尔认为中国的教育方式虽然"呆板",但是"真正有智慧的人,也是心理高尚的人,是真诚、公正、慈善和勇敢的人。由这种人来执政,就有一切,否则的话,纵使处处有宪法,村村有议会,也只能是空无所获!"②。可以看到,卡莱尔的英雄史观与孔子的尚贤思想相契合。《论语·颜渊》中,"子曰:'政者,正也。子帅以正,孰敢不正?'"。孔子认为政治的良性运行与执政者的德行修为紧密相连,而礼乐崩坏主要源于在位者的德行缺失,"其身正,不令而行;其身不正,虽令不从"。《论语·泰伯》中,孔子认为政治的良性运转需要贤才的辅佐,"舜有臣五人而天下治",因为贤者的言行对庶民具有垂范作用,"君子之德风,小人之德草,草上之风必偃"。只有使贤者为政,才能促使社会秩序良好运转,使百姓信服。

孔子及其学说不仅深刻影响了卡莱尔的思想,而且也受到了美国作家爱默生和梭罗的密切关注。拉尔夫·沃尔多·爱默生是美国19世纪中叶伟大的思想家、文学家和诗人,开创和领导了美国文学史上的超验主义文学运动,是确立全新的"美国精神"的代表人物,曾被誉为"美国的孔子"。据现有资料,爱默生曾阅读过"四书"的英译本,并对其爱不释手。不仅如此,爱默生多次在公开场合引用儒家经典格言,表达自己对孔子的崇敬之情。在爱默生的作品集中,爱默生对孔子学说的撷取随处可见,如他认为"世界不算什么,人才是一切;你自身有着一切自然的法则……你该知道一切,你要敢于面对一切"③。这正是爱默生在孔子主张的"天地之性人为贵"中得到的共鸣。孔子将人放在天地之间的核心位置,主张关注人的自身修为,而爱默生所提出的超验主义思想就是要将个人提升到与上帝同等重要的位置,重视个人的自我修养,相信个人的潜能。爱默生认为,只有达到自我完善,才能推动社会革新。如果个人自身没有经过革新,却试图去革新周围,社会不会从中获益。这与孔子所倡导的正己正人的思想相契合。《论语·

① [英]托马斯·卡莱尔著,周祖达译:《论历史上的英雄、英雄崇拜和英雄业绩》,商务印书馆,2010年版,第200页。

②同上,第201页。

③爱默生著,吉欧·波尔泰编,赵一凡等译:《爱默生集》,生活·读书·新知三联书店,1993年版,第86-88页。

颜渊》中,孔子认为:"政者,正也,子帅以正,孰敢不正?"只有当政者不断提高自身修养,用德和礼来感化人心,人民的道德水平才能提高。《论语·子路》中,孔子说,"其身正,不令而行;其身不正,虽令不从",行政命令和法律条文只能制止人不去犯罪,而当政者自身端正,修身养性,人民也会受到影响,自觉放弃犯罪的观念。人如何才能提升自身修养呢?孔子认为应"安贫乐道","不义而富且贵,于我如浮云"。这与爱默生"重义轻利"的态度不谋而合,他认为,"棉花可以差一些,人却应该更好些",物质生活虽会给人带来便利,但人的道德思想却应保持美和力量。此外,爱默生的超验主义自然观与孔子所推崇的天命观也是相一致的。在爱默生的眼中,自然是超灵或上帝的化身,人是宇宙的一部分,与自然、上帝合而为一,"我空若无物,却看见了一切……我成为了上帝的一部分"。《论语·阳货》:"天何言哉,四时行焉,百物生焉,天何言哉?"天默默无语,只以四时运行和万物生长作为它的言说,而人是世界的一部分,与自然融合为一体。

不仅是爱默生,美国另一位超验主义的代表人物亨利·戴维·梭罗也受孔子影响颇深。在其代表作《瓦尔登湖》中,梭罗对孔子言论的引用达到"十处之多",而且"使用得恰到好处"。[①] 在《瓦尔登湖》第二部分中,梭罗引用《礼记·大学》中的"苟日新,日日新,又日新"以自戒。按照梭罗的文字描述,可以看到,梭罗在瓦尔登湖畔居住期间,每天清晨都会很早起床,下地劳作,之后在清凉的河水中沐浴。"苟日新,日日新,又日新"已成为梭罗的座右铭,用以鞭策自己去修身养性,严以律己。只有日新其德,才能实现"德不孤,必有邻"。在第二部分中,梭罗还提到《论语·宪问》中的一段话:"蘧伯玉使人于孔子。孔子与之坐而问焉。曰:'夫子何为?'对曰:'夫子欲寡其过而未能也。'使者出。子曰:使乎!使乎!"只有"吾日三省吾身",时刻自省自己的作为,总结自己的言行过失并予以改正,品德和修养才能得到完善和提高。梭罗很欣赏蘧伯玉的故事,并身体力行之,用自耕自食的方式体验简朴的生活,并借助实践的体悟审视内在精神,通过"内省"的方式达到心灵的净化和情操的陶冶。梭罗认为要透过谎言和谬论去抓住生活的真理,通过审慎的生活方式,去深入生活,"尽数吸收生命的精髓"[②],只有这样生活才不算虚度。

①常耀信:《中国文化在美国文学中的影响》,载于《外国文学研究》1985年第1期,第49页。
②梭罗著,王金玲译:《瓦尔登湖》,重庆出版社,2010年版,第96页。

在《瓦尔登湖》第五部分中，梭罗引用《中庸》第十六章"神鬼之为德，其盛矣乎"，"视之而弗见，听之而弗闻，体物而不可遗"来证明"我们身边存在的，并不只是我们雇用的并喜欢与之聊天的那个工匠，还存在着创造了我们的造物主"。[①]梭罗认为人与自然是一体的，是宇宙的一部分。只有在自然中，个体才能更新和改善精神生活，并实现至善的精神世界。借助孔子的言说，梭罗否定了上帝的绝对权威，肯定了个体回归自然，"天人合一"的重要性。在《瓦尔登湖》的第八部分，梭罗重申对"仁"理念的重视和"君子之德"的重要性。他借用《论语·颜渊》中的"子为政，焉用杀？子欲善，而民善矣。君子之德风，小人之德草。草上之风，必偃"来表达"为政为德"的治国理念和君子德行的引领作用。梭罗认为，拥有仁德的政府才能树立起权威，因此他终身反对蓄奴制，拒绝纳税，宁可忍受牢狱之苦也不愿意丧失自己的操行。

可以看到，卡莱尔眼中的孔子是尚贤之人，肯定孔子贤者为政的主张。而在爱默生和梭罗的眼中，孔子的形象更加立体。孔子不仅强调德政，而且推崇君子修身之道，重视通过"内省"的方式实现个人的内在修养，肯定个体回归自然，"天人合一"的重要性。英美文学家们推崇赞美孔子学说，但是他们对孔子学说并非完全接纳，而是取一点为我所用而不计其余的接受方式。古老的东方智慧被利用，改造成实现个人政治抱负和文学理想的工具，现实中的中国却成为他们贬斥和鄙视的对象。只有少数文学家尚保持着18世纪时欧洲对中国的那种强烈的向往和敬慕，而且那主要是针对中国的过去，对现代中国的态度几乎是讨厌、勉强和轻视的混合。

第四节　孔子形象的多元融合（20世纪）

进入20世纪之后，资本主义快速发展，物质文明得到很大进步，但与此同时，西方精神文明遭遇危机，根深蒂固的基督教世界观摇摇欲坠，传统道德观念与制度观念不断受到质疑。爆发于1914年和1939年的两次世界大战更是将欧洲推向了战争、物质和精神的深渊，传统西方思想体系土崩瓦解，西方知

① 梭罗著，王金玲译：《瓦尔登湖》，重庆出版社，2010年版，第144页。

识分子深陷困境，对社会现状极端不满，纷纷寻找各种心灵出路。正是在这样的背景之下，孔子及其学说重新走入了西方的视线，成为欧美新的思想源泉与力量，来弥合资本主义社会变革带来的精神断裂。

这一时期，孔子形象在大量的欧美译著、文学作品、报纸期刊、网络博客中得到集中呈现，有汉学家眼中的孔子形象，有文学家眼中的孔子形象，也有基于语料库的孔子形象。通过对不同孔子形象的综合考察，本节认为20世纪西方视野中的孔子形象呈现"乌托邦"与"意识形态"、"万世圣哲"与"虚伪先知"、肯定与否定、积极与消极多元交融的含混状态，有智慧与道德典范的孔子形象，有负面的碎片化的孔子形象，也有去圣化的孔子形象。这些面貌各异的孔子形象构成了西方对孔子及其学说的集体想象。它们不是单一的"乌托邦"形象或"意识形态"形象，而是二者的含混与交融。孔子形象实际上成了西方的自我投射，是自我与他者的融合结果。

一、汉学家眼中的孔子形象

阿瑟·韦利（Arthur David Waley，1889—1966）是20世纪英国著名的汉学家之一，以翻译孔子的《论语》与老子的《道德经》而闻名于世。其《论语》与《道德经》译本仍然是目前英语世界通行的译本。《论语》译本初版于1938年，由伦敦 George Allen & Unwin Ltd. 出版，韦利为其撰有"前言"及"导论"。在"前言"中，韦利认为《论语》可分为两部分内容：第一部分是三到九章，主要叙述孔子的思想观点；其余章节内容庞杂分散，可归于第二部分。在"导论"中，韦利对孔子所提倡的仁、道等观点做出分析，并简要介绍了与《论语》相关的中国古代礼仪及其创立的语录体文学传统。书后附有孔子年表、译文注释及索引。

在"导论"中，韦利认为孔子尊古好古，《论语》所引述的故事皆源于西周乃至上古圣人尧、舜、禹的事迹，如《论语·尧曰》讲述了尧、舜、禹、汤、武王治国的主要经验以及《论语·述而》中的周公投梦等。尧、舜、禹三位圣人"被认为是人类王朝的统治者，被赋予了神圣的特性和权力"，他们依靠"无为和神圣的本质"统治天下。[①] 对于孔子而言，周朝真正的英雄"既不

---

① Arthur Waley. The Analects of Confucius. Random House, 1938：17-19.

是文王也不是武王，而是武王的弟弟周公旦"①。《论语·季氏》中，孔子认为，天下有道，则礼乐征伐自天子出。正是由于周公旦为周朝制定了礼乐等级典章制度，在"政""刑"之外借助"德""礼"，才实现了"正名"。孔子推崇周礼，对周朝礼仪制度的欣赏和喜爱溢于言表，认为"周监于二代，郁郁乎文哉"，所以"吾从周"。并且在《论语·颜渊》中，孔子认为"克己复礼为仁，一日克己复礼，天下归仁焉"。礼是达到"仁"的必经之路。不同于理雅各和卫三畏，韦利认为孔子对礼的尊崇并不是礼仪的细节和表面行为，而是"行为的一般准则和道德规范"。因此，韦利在"导论"中用相当长的篇幅向英语读者介绍古代中国的"礼"，对比中国的君子之礼与英国的绅士之礼。

与理雅各相同的是，韦利没有"神化"孔子，呈现了一个去圣化的孔子形象。他认为孔子不再是一位"道德先师"，而是一位"智者，一个怪诞难题的回答者，一位先知，甚至是一个巫师"，"是一位按照统治阶级一员特有美德教育君子后代的个人"。②韦利指出，经过中国汉朝董仲舒之后，"孔子成为了无所不知和道德永无谬误的圣人"。③这一看法深深影响了后来的欧美汉学家。乔纳森·斯宾塞（Jonathan D. Spence, 1936—，又名史景迁）认为孔子是人文主义者，具有鲜明的个性特质，同时又是一名令人尊重的教育者。顾立雅（Herrlee Glessner Creel, 1905—1994）认为孔子是一名学者、哲学家和改革者。芬格莱特（Herbert Fingarette）认为孔子不仅是一位影响至今的"重要老师"，而且也是"一位具有深刻洞察力与想象力视域的思想家"。④芬格莱特对孔子的思想进行了极具洞察力的分析，认为孔子学说中的"礼"是"仁"的表达形式，表明了"内在的和谐、美和圣"，是将人类世界和兽类相区别的"智慧惯例"。而美国汉学家安乐哲（Roger T. Ames）则认为孔子形象具有多面性：他是慈父、严师、谨悫不阿的士、社群中的友邻、讽谏不已的政治顾问、感激先人的后代、热忱继承特定文化的人，更是在沂水边乐游一天之后咏而归的欢乐合唱队的一员。⑤

在《通过孔子而思》中，安乐哲不仅建构了具有多面性的孔子形象，而且

---

①Arthur Waley. The Analects of Confucius. Random House, 1938：47.

②同上，p.13-14.

③同上，p.16.

④Herbert Fingarette. Confucius—the Secular as Sacred. Harper &Row Publisher, 1972.

⑤郝大维、安乐哲著，何金俐译：《通过孔子而思》，北京大学出版社，2006年版，第7页。

他认为孔子性情直率，具有向学的热情。在强调"学"的重要性时，孔子"毫不掩饰自己学而不厌的自豪"，痛恨"困而不学"之人。《论语·季氏》中，"生而知之者，上也；学而知之者，次也；困而学之，又其次也，困而不学，民斯为下矣"。并且，孔子收徒的重要标准就是学生要奋发于学，"发愤忘食，乐以忘忧，不知老之将至"。在安乐哲看来，孔子反对学生成为学究，成为"多学而识之者"，而是应该在"学"中"思"，认为"学而不思则罔，思而不学则殆"，应靠服务于人的实际行动衡量所学知识的价值。安乐哲对孔子倡导的"仁"进行了分析，认为"仁人"是对《论语》的核心概念"仁"的恰当解读。"仁人通过培养自我之'义'而从礼之规范的行为、风俗和习惯中发现和运用意义"。[①] 所谓"自我之义"，即自我的判断力，适当感以及有选择地将自己的价值观投射到世界之上的能力。其次，安乐哲认为孔子的社会政治思想具有鲜明的民族性。孔子要求当政者"内圣外王"以及他所提倡的政治秩序和"修身"的关联性与欧洲传统的政治理念截然不同，具有鲜明的中国特色。孔子要求贤者必须要有教养，为"民"树立可资模仿的美德典范。如何才能从"民"成为贤者，安乐哲认为"教"是关键，"教"使个体从身份模糊的"民"发展到鲜明独特的"人"，最终达到"仁"。[②] 再次，安乐哲分析了孔子的宇宙观，认为孔子对"天"的认识无疑还保留了拟人性的神的痕迹，而"命"是"天"的神秘赠予，不是"人类作用的产物"。对于他人将孔子诠释为命定论者，安乐哲有不同的看法。他认为《论语》中，孔子并没有表示人对"命"的无能为力，反而君子应该进行抗争，努力掌握自己的生死权利。君子的自控能力越强，他在决定"外在条件时所起的主导作用越大"，就越能通过自己的理解力和影响来运用"天命"。当世界尊重他的道德，他就为世界"言说"，即为"天"说话。最后，安乐哲认为孔子是"语言大师"，能恰当地使用语言，并赋予语言以重大的述行力量，"不知言，无以知人也"；孔子是古代经典的编纂者，顺六经之言以示新义；孔子是艺术鉴赏家，对韶乐爱得深沉，达到"三月不知肉味矣"。

安乐哲眼中的孔子是一位杂家、语言大师、艺术鉴赏家，是中国传统思想文化的缔造者，并非西方刻板印象里的僵化的道德家。但是孔学并非完美，也

---

①郝大维、安乐哲著，何金俐译：《通过孔子而思》，北京大学出版社，2006年版，第99页。
②同上，第178页。

有缺陷之处。安乐哲认为孔子哲学最严重的缺陷是造成了地方主义和地方观念，对传统文化过于依恋，以至于妨碍了跨文化的沟通。而缺乏沟通的封闭性又导致了创造力不足，因此孔学式微。安乐哲认为，"当代西方哲学的思辨和创造精神"可以激发孔学，使之重新焕发生机和活力。

可以看到，随着跨文化交流的日益增加，20世纪汉学家眼中的孔子形象摆脱了单一扁平的"万世圣哲"或"虚伪先知"模式，变得更加多维。孔子是令人尊重的教师，是哲学家，是改革者，是具有深刻洞察力与想象力视域的思想家，是具有向学热情的教育者，是具有鲜明社会政治思想的民族主义者，是语言大师，是古代经典的编纂者，是艺术鉴赏家。在20世纪，孔子彻底走下了神坛，成为鲜活的人。

二、文学家眼中的孔子形象

在20世纪英美文学史上，大批作家参与到孔子形象的构建之中。美新诗运动期间，埃兹拉·庞德、维切尔·林赛、埃德加·马斯特斯及威特·宾纳在《诗章》（第一卷至第四卷）、《诗集》、《荔枝》三部诗集以及诗作《山东》中依据具有离心力的话语表现孔子形象，成为向欧美传统文明抗争的叛逆者。他们将孔子视为拥有政治智慧的东方圣哲，认为孔子是文明智慧与道德秩序的典范。而詹姆斯·乔伊斯在其代表作《尤利西斯》（1922）和《芬尼根的守灵夜》（1939）中，将孔子塑造成为爱尔兰部落英雄与提倡繁文缛节的异教徒的结合体。

埃兹拉·庞德是西方意象派诗歌的重要代表人物，美国新诗运动的发起人。在其代表作《诗章》中，庞德将孔子塑造为道德秩序的典范。在《诗章》第13章中，庞德展现了孔子强调秩序、提倡守德以及追求中庸的形象。根据庞德的描写，孔子与弟子子路、求、赤、点坐在一起畅谈理想。子路认为投身国防可成名；求认为参政可扬名；赤则喜欢讲求秩序感，孔子认为秩序在个人、家庭和国家治理中非常重要。庞德写道："如果一个人内心没有秩序/他就不能在他周围传播秩序/如果一个人内心没有秩序感/他的家庭将不会按照正当的秩序行事/如果一国之君内心没有秩序感/他就不能使国家秩序井然"。[1] 可见，在庞德看来，孔子是倡导秩序感的典范。庞德认为孔子不仅强调秩序感，还尊重人的个性，追求中庸、守德。在《诗章》第13章中，孔子认为"王将

①Ezra Pound. The Cantos of Ezra Pound. Faber and Faber, 1996：58.

儒家文化对外传播路径研究——基于欧美游客认知视角

国家治理得井井有条，正是因为中庸和节制的原因"。① 庞德对孔子中庸和守德的推崇在《诗章》第五卷（74~84章）和第六卷（85~95章）中得到了进一步的体现。在第84章中，庞德说道："我们的中/对此我们致以敬礼"。② 在第70、85、86章中，庞德更是直接将德、中、义、信、和等汉字书写于诗行之间。

埃德加·李·马斯特斯是美国芝加哥诗派的主将之一。同庞德一样，马斯特斯对孔子也倍加推崇。在其名作《荔枝》（*The Lichee Nuts*，1931）中，马斯特斯认为"孔子保存着中国的心"③。 马斯特斯作这首诗期间，正值巴黎和会召开之时。在巴黎和会上，西方列强决定将山东划为日本的势力范围。马斯特斯对此十分愤慨，他认为山东是中国的圣地——孔子的出生地，日本占据山东，试图抢夺的不仅是中国的地理资源与物质财富，而且也包括中国的精神文化财富——孔子及其学说。孔子，作为中国思想文化的灵魂，保存着中国的心。在马斯特斯看来，孔子是天下之仪表，百世之先师，是中国文化的代表。

与马斯特斯相同，新诗运动的另一位重要人物，《唐诗三百首》的英译者威特·宾纳也对巴黎和会中山东的归属异常关注。1919年，宾纳发表诗作《山东》，认为"孔子的魂魄呼吸着/就像从那崇高的/圣坛上传出的香味"④。 宾纳认为孔子虽死，但魂魄犹在。他不再是具体的个体存在，而是超越时空，纯粹至善，通体德慧，是站在圣坛上的圣人，是真正的圣徒。孔子所传播的学说，依然教化众人，有着功效，充溢着香味。不仅马斯特斯和宾纳推崇孔子的儒者效功，新诗运动中最重要的诗人林赛同样认为"孔子，孔子，伟哉孔子……山东圣人，孟子先师"。⑤在诗作"哭人雄：自太古鸿蒙迄今列位善恶名人祷辞"中，林赛尊孔子为山东圣人，孟子先师。在他眼中，孔子不仅是见多识广的博学君子，而且具有道德之范型。"眼望着封建的中国倾倒如山"，孔子也能"以金玉之言"化育众生，导人向善，使先王遗训重立，使三朝旧典恢复。林赛希望自己能成为孔子时代的学士，成圣向善，将西方从衰败与荒原的水火之中拯救出来。这种孔子形象显然被乌托邦化了，成为东方智慧的化身，是西方社会的相异性参照。

---

①Ezra Pound. The Cantos of Ezra Pound. Faber and Faber, 1996：58.
②同上，p.540.
③赵毅衡：《诗神远游——中国如何改变了美国现代诗》，上海译文出版社，2003年版，第97页。
④同上，第98页。
⑤常耀信：《中国文化在美国文学中的影响》，载于《外国文学研究》1985年第1期，第49页。

通过对孔子的憧憬、效仿及对孔子思想中优异成分的挖掘，新诗运动的重要诗人庞德、宾纳、林赛和马斯特斯背离了自身文化观念，试图通过借鉴孔子这一他者而期望达成自身文化的完善。在《诗章》中，庞德将孔子形象建构为东方秩序、中庸、守德的代表。而在《荔枝》《诗集》《山东》中，马斯特斯、宾纳和林赛呈现出了教化众人、成圣向善的圣徒形象。"从形象为建立一个彻底相异性而背离自身文化观念的意义上说，这是一个颠覆性形象"，①庞德、宾纳、林赛和马斯特斯在诗作中建构的孔子形象属于"乌托邦"形象。

与新诗运动的诸位诗人完全不同的是，詹姆斯·乔伊斯在其代表作《尤利西斯》和《芬尼根的守灵夜》中将孔子塑造为爱尔兰部落英雄与提倡繁文缛节的异教徒的结合体。

在《尤利西斯》第12章"独眼巨人"中，乔伊斯伪造了一份英雄名单，"黑发罗莎琳、帕特里克·威·莎士比亚、布赖恩·孔子、穆尔塔赫·谷登堡……"。②在名单上，乔伊斯创造了布赖恩·孔子这个不伦不类的名字。布赖恩是爱尔兰常用名，而孔子是中国对圣人孔丘的敬称。将孔子与布赖恩杂糅并置在一起，乔伊斯完成了对异己文化的消融。这是乔伊斯对传统意义上的孔子形象的相异性整合，再现了爱尔兰民族的自我存在，并强化了民族的自我身份。在《芬尼根的守灵夜》中，乔伊斯呈现了一个模糊的、碎片化的孔子形象。在第6章中，"foot-sey kungoloo"可以理解为孔夫子（Fu-tze Kung），还可以理解为袋鼠（kangaroo）。孔子形象变得流动、易变以及模糊起来。在《芬尼根的守灵夜》第5章中，乔伊斯认为孔子的中庸之道"被绑得死死的"，里面充满了"各种繁文缛节"，所以还是将"宗法规定暂摆一边吧"。③

在《尤利西斯》中，乔伊斯通过改造和消解他者使爱尔兰部族英雄——布赖恩·孔子得以诞生。而在《芬尼根的守灵夜》中，孔子变成了一种模糊的负面形象，集繁文缛节与异教徒为一身。通过对孔子形象的变形、操弄和整合，乔伊斯使孔子成为本群体价值观的对立面，因此孔子成为"意识形态"形象。

20世纪的英美文学中呈现出两类截然不同的孔子形象：文明智慧与道德秩序典范的孔子形象和负面的碎片化的孔子形象。它们不是单一的"乌托邦"

①孟华：《比较文学形象学》，北京大学出版社，2001年版，第34页。
②詹姆斯·乔伊斯著，萧乾、文洁若译：《尤利西斯》，北方文艺出版社，2015年版，第555页。
③James Joyce. Finnegans Wake, Farber and Farber, 1939：108.

形象或"意识形态"形象，而是二者的双重含混，二元交融，构成了西方文学界对孔子及其学说的集体想象。

那么这是什么原因导致的呢？如果将这种现象置于比较文学形象学的分析中，其原因可窥得一二。当代形象学家保罗·利科认为，想象"理论的变化范围可按两条相反的轴定位：在客体方面，是在场和缺席轴；在主体方面，则是被迷惑的意识和批判的意识轴"[①]。对于20世纪英美文学中的孔子形象来说，经历了在场和缺席两个阶段。在20世纪的英美作家中，庞德是最早、最熟悉也是最热心于传播孔子及其学说的。在制造孔子形象的过程中，庞德最先接触到了有关孔子的大量信息，因此可以说形象客体是在场的。通过对形象客体的感知，庞德创作了孔子形象的复制品，因此庞德《诗章》中的孔子大致是"复制的形象"。而乔伊斯由于对信息接触的面和量都不到位，导致了客体的缺席，因而他在文本中进行了大量的创造和再创造，构建出爱尔兰的部落英雄和衣着滑稽的异教徒这种错综复杂、变化莫测的孔子形象。这种创作距离形象客体的原始认知相去甚远，是在自由想象中建立起来的，属于"想象的形象"。

三、基于语料库的孔子形象分析

以Confucius为主题检索词，以美国当代英语语料库（COCA）和英国国家语料库（BNC）中与孔子形象有关的话语语篇为研究对象，采用话语分析、主题统计等手段来揭示英美语料库语境中孔子形象的构建。通过高频词分析，可发现在COCA语料库中"Confucius"出现频率总计686次。在其博客、网络、电视、口头语、小说、杂志、新闻和学术语篇的8个大分类中，"Confucius"出现频率依次为77、102、48、25、37、123、55、219次，其中学术语篇的出现频率最高。在COCA语料库1990—1994年、1995—1999年、2000—2004年、2005—2009年、2010—2014年以及2015—2019年6个时间段的频率分类来看，"Confucius"出现频率依次为66、77、105、54、47、158次，其中2015—2019年的出现频率最高。通过主题及词语色彩分析，可发现多数与Confucius相关的主题均为积极、正面词语，如"经典""智慧""音乐""哲学""论语""中庸""责任""贤人""宗谱""启蒙""和平""人文主义者"等；或与著名历史人物相关联，如"荷马""亚里士多德""佛祖""屋大维""穆罕默德""老子""孟子""苏轼"等；或是引用孔

---

①孟华：《比较文学形象学》，北京大学出版社，2001年版，第43页。

子的名言，如"三人行，必有我师"；或与中性词相关联，如"学院"。有一部分相关主题是对孔子身份的澄清，如"孔子不是韩国人"。此外，还有少量的关联词是负面的、消极的词语，如"批评""审查""失望"。

有趣的是，BNC的搜寻结果与COCA截然相反。首先，在出现频率上，BNC不及COCA。同样是1994—2019年，在COCA语料库中"Confucius"出现频率总计686次，而BNC上的出现频率是44次。其次，在分类上，"Confucius"在COCA学术语篇、杂志和网络的出现频率较高，分别为219、123、102次；而BNC语料库中，"Confucius"出现频率较高的是小说散文、人文艺术和自传三类，分别为12、10、6次。在主题及词语色彩分析上，BNC呈现的多是积极词语，如"圣人""哲学家""美食家""佛祖""卡明斯""庞德""穆罕默德"以及"耶稣基督"。此外，BNC语料库也存在少量消极词汇，如"过度使用的""过时""被摧毁"等。

总体来说，基于语料库的孔子形象分析基本上是正面积极的，但也不乏消极否定的负面形象。此外，消息来源的时间分布反映近年来英美读者越来越多地对孔子及儒学的传播给予关注，但是频率分布反映美国关注度最高，其他国家尤其是英国关注度不高，甚至还存在将孔子误认为韩国人的现象。孔子形象在欧美国家的传播范围和传播力度亟须扩大和加强。

本章采用综合研究与个案透视相依存，现象描述与规律揭示相结合的研究方法，在广泛搜集相关文献资料和学术界已有研究成果的基础上，通过对文献资料的仔细解读与分析，发掘出13—20世纪所呈现的"万世圣哲""无宗教性的虚伪先知""去圣化""道德与秩序的典范""模糊""碎片化"等不同孔子形象，揭示了西方文化语境中孔子形象经历缺席—最初建构—变形—多元交融的嬗变轨迹，认为这些面貌各异的孔子形象构成了各个不同时期西方对孔子及其学说的集体想象，反映了主体文化与异域文化的复杂关系。无可否认，在漫漫七百年的西方历史文化长河中，传教士、思想家、汉学家、外交官、文学家等各个群体塑造出了风采各异的孔子形象。西方读者们也借此领略到中华文化的灵魂与偶像——孔子及其学说的智慧和魅力。这种丰富多彩的孔子形象为孔子研究提供了一种新的参考模式及观察视角，但难免存在对遥远异己文化的想象与杜撰。儒家思想与孔子形象无法靠西方视角进行完整传达。只有自己为本民族文化主动发声，而不是被动等待，中华文化才不会处于被误读，被妖魔化的位置。

第五章 基于欧美游客认知调查的儒家文化对外传播路径研究

第一节 路径研究背景及研究价值

一、研究背景

作为人类文明的瑰宝和东方智慧的象征，儒家文化应该为人类所共享。儒家文化的对外传播，既是儒家文化本身的应有之义，也能充分展示中国社会发展的软实力。通过梳理近年来儒家文化在不同国家的传播研究情况，发现学者们对中国周边国家的儒家文化传播情况关注较多，如史少博（2012）、乔振（2014）、孙婵娟（2017）、李华东（2001）、石培翠（2015）、严春宝（2007）分别就儒家文化在日本、越南、俄罗斯、韩国、柬埔寨、新加坡等地的传播展开了研究。相对而言，针对欧美国家（张西平，2016；陈薇，2014）的研究较少，且缺乏针对具体国家的研究，表明儒家文化在中国周边国家的传播研究较多，但在欧美国家的传播研究不足，这种状况严重制约着中国文化软实力的提升。鉴于此，加强儒家文化在欧美国家的传播研究并以此推动儒家文化在这些国家的传播，必将成为未来的研究趋势。

传播需要渠道，作为儒家文化的对外传播方，我们目前已经掌握了一定的传播路径，如设立"孔子学院"、定期开展国际文化交流等。但是，鉴于现代社会人际交往和传播手段的复杂性、多样化，有些儒家文化传播路径可能在我们未知的情况下发挥着作用。因此，受科技研发中逆向研究方式的启发，笔者及其研究小组拟通过调查欧美入境游客接触儒家文化知识的渠道，反向获取儒家文化的对外传播路径。为保证被调查对象更有针对性，研究小组拟以山东省曲阜市"三孔"景区的欧美国家游客为调查对象开展调查。原因是既然他们选择到该旅游景区游览，说明大部分游客已对该景区和儒家文化具备一定程度的了解。通过调查他们对儒家文化的认知状况及获取儒家文化信息的方式和渠道，加以分析研究，从中筛选出比较符合受众接受水平、影响更广泛、比较容易实施的优势路径，然后对这些优势路径加大儒家文化信息投放和资金支持，以提高儒家文化对外传播效率。对受众不太广泛的非优势路径，也积极培育，挖掘潜力，努力使其逐步扩大影响，进而发挥更大的作用。在实施以上措施的基础上，尝试构建出儒家文化对外传播体系的雏形，实现儒家文化对外传播的系统化和规范化，促使儒家文化更快、更深入地在欧美各国广泛传播。

本次儒家文化认知调查拟针对曲阜三孔景区的欧美国家游客、以英语调查问卷方式（因欧美各国游客基本都能用英语交流）开展，借此了解欧美游客对儒家文化的认知状况及获得儒家文化信息的渠道，从而反推得出儒家文化对外传播的可能路径。需要指出的是，针对曲阜"三孔"景区欧美游客的调查，显然不能涵盖所有欧美人群，其调查结果也不能完全代表欧美国家对儒家文化的实际认知状况和获得儒家文化知识的所有渠道，但在暂时无法对欧美国家开展大规模实地调查的情况下，我们的调查研究不失为一个管窥捷径，能为儒家文化对欧美的传播路径研究添砖加瓦。

二、研究价值

（一）理论价值

（1）逆向思维，为儒家文化对外传播路径研究提供新思路。以往的研究一般从正向考虑如何传播儒家文化，但因缺乏相关数据，除"孔子学院"外，其他对外传播方式效果如何，尚无可靠结论。本项课题研究采取逆向思维方式，首先通过调查、筛选对儒家文化有一定了解的欧美游客，再从他们获取儒家文化的渠道反推得出儒家文化对欧美传播的有效路径。

（2）利于构建儒家文化对外传播路径体系。不同路径的传播效果不尽相同，为使投入效益最大化，必须采取差别化对待的方式，重点资助和支持优势路径，同时尽量发挥其他路径的作用和潜力，使各类传播路径物尽其用，并以此构建起儒家文化对外传播路径体系，实现儒家文化对外传播的系统化和规范化。

（二）实际应用价值

（1）为制定儒家文化对外传播战略、拓宽对外传播渠道提供依据。儒家文化传播一般有三种路径：人传人、传统媒体传播和互联网传播，但是具体到哪些人有条件传播儒家文化、欧美文化是否与儒家文化抵触、哪些传统媒体或网站传播儒家文化最有效，尚未可知。"知彼知己，百战不殆"，本项课题研究的调查数据能够揭示欧美人士在儒家文化方面的认知状况以及获取儒家文化知识的具体途径，为制定儒家文化对外传播战略、拓宽对外传播渠道提供依据。

（2）提高儒家文化对外传播的效率。根据本课题的调查数据，可从儒家文化对外传播的各种路径中遴选最佳路径，增加人手和资金投入，起到事半功倍的作用。因此，我们的调查研究可为政府有关部门的儒家文化对外传播决策及后续政策实施提供重要依据，具有较大的应用价值。

第二节　研究思路及主要研究内容

一、研究思路

整个研究过程遵循以下研究思路。首先，围绕欧美游客对儒家文化的认知状况和他们获取儒家文化知识的途径这两个主题，设计调查问卷，并在山东省曲阜市的"三孔"景区针对来自欧美国家的游客开展实地英语问卷调查。其次，依据调查问卷所得事实和数据，总结分析欧美国家游客对儒家文化的认知状况以及他们获得儒家文化知识的路径。接着，结合国内外现有条件，研究分析最合理有效的儒家文化对外传播路径。然后，通过了解曲阜三孔景区欧美国家游客对儒家文化的认知程度、认知渠道和认知意愿，制定与之相适应、更加合理的儒家文化对外传播政策、措施和办法，使更多欧美人士能够较为容易地获得儒家文化的相关信息或知识。最后，鼓励获得儒家文化知识的欧美人士从受众变成儒家文化的传播者，以此形成儒家文化对外传播的良性循环。

二、主要研究内容

（一）调查分析曲阜三孔景区欧美游客对儒家文化的认知状况

一般来说，参观三孔景区的欧美游客会对孔子、孔子思想或三孔景区有一定认知，研究小组要对他们的认知状况有宏观和具体的了解，从而认清儒家文化对外传播方面的优势和存在的不足，特别是针对游客个人在儒家文化认知水平方面存在的差异，积极查找原因，为后续的对外传播路径研究提供依据。

（二）调查分析欧美游客获取儒家文化知识的渠道并充分加以利用

在儒家文化对外传播方面，我国政府已采取了不少措施，也取得了一些明显成效，但离期望值仍有不小的距离。造成这种现象的原因固然与中西方文化差异有关，但在一定程度上也与儒家文化对外传播过程中的主观判断和缺乏行动依据有关。欧美游客的儒家文化知识或儒家文化认知，肯定不是凭空而来，必定有具体的获得渠道，如果充分加以利用，这些渠道将成为儒家文化对外传播的可靠路径。因此，了解并尽量利用欧美游客获得儒家文化的渠道，不仅可以为儒家文化的对外传播方式提供启发，还可以弥补现有儒家文化针对欧美国家传播路径的不足，更好地促进儒家文化在这些国家的传播。

第三节　基于调查分析的儒家文化对外传播路径的构想

一、问卷调查的实施

我们设计了欧美游客儒家文化认知调查问卷，因调查对象多以英语为母语或者能够以英语开展交流，问卷以英文形式呈现。之后，研究小组于2018年在曲阜三孔景区开展了三个月的调查，对欧美散客或团体游客随机发放调查问卷。需要说明的是，调查过程中，研究小组成员尊重游客的个人隐私以及是否接受调查的自由，其间无任何强迫的言语和行为，因此游客对调查问卷中的问题并不是有问必答，导致在已调查过的问卷中存在一定遗漏或者故意省略的情况。为保证调查问卷的实际效用，研究小组一致认为，凡是对三分之二以上的调查问题进行作答的调查问卷才被判定为有效问卷，以此共获得有效问卷280份，除去不属于欧美游客（包括3名韩国人、3名日本人、3名埃塞俄比亚人和1名巴基斯坦人）的问卷外，共获得有效问卷270份。

二、游客身份构成

调查前，需要对欧美游客的身份特征进行了解，以确认他们的性别、年龄、学历和国籍等基本信息及游客的身份构成情况。

在270份调查问卷中，表明性别的有255人，其中162人为男性，占总数的63.5%，其余93人为女性，占36.5%。从数量上看，男性远多于女性，似乎表明男性更乐意了解其他国家的文化或者说对哲学更感兴趣一些。

大部分游客（266人）填写了年龄，而且涵盖了从11岁起的各年龄层次。从数据可知，游客以11~30岁的年轻人为主，占总数的55.6%，一种原因可能是年轻人更喜欢旅游，另一种原因可能是参加"修学游"的年轻游客较多（见表5-1）。另外，有游客年龄在70岁以上，虽然人数不多，但也彰显出曲阜"三孔景区"的独特魅力。

共231名欧美游客填写了受教育程度，其中拥有博士学位的游客有26人，占总数的11.3%；61人拥有硕士学位，占26.4%；47人拥有中学学历，占20.3%；拥有学士学位（本科学历）的人数最多，有97人，占42%。根据数据可知，高学历游客即拥有硕士或博士学历的占37.7%，远高于拥有中学学历（20.3%）的比例，说明受调查欧美游客学历越高，对儒家文化越有兴趣（见表5-2）。

表5-1　欧美游客年龄构成

年龄	数量	百分比
11~30	148	55.6%
31~50	56	21.1%
51~70	54	20.3%
>70	8	3.0%

表5-2　欧美游客学历构成

教育背景	数量	百分比
博士	26	11.3%
硕士	61	26.4%
学士（本科）	97	42.0%
中学	47	20.3%

关于国籍，填写的游客只有145人，占被调查游客的52.2%，表明他们的国籍保护意识较强。调查表明，这些游客来自26个欧美国家，其中2名游客拥有双重国籍。根据游客填写的国籍数量排名，居于前八位的分别是美国（32人，占22.1%）、澳大利亚（21人，占14.5%）、德国（19人，占13.1%）、加拿

大（14人，占9.7%）、法国（13人，占9.0%）、英国（6人，占4.1%）、荷兰（6人，占4.1%）、西班牙（4人，占2.8%）。可以看出，美国游客占多数，其他国家也多为具有较大国际影响力的欧美国家，说明这些国家的国际地位与其国际交流意愿大体成正比，同时也表明本次调查体现的是欧美主要国家的民众对儒家文化的认知情况（见图5-1）。另外，因本次调查问卷上已标明为"欧美游客儒家文化认知调查"，所以部分未填写国籍的游客被默认为欧美游客。

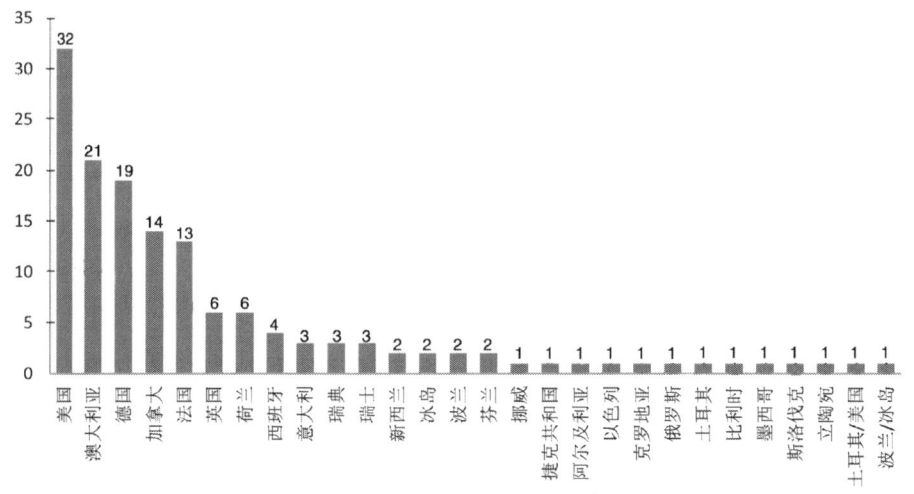

图5-1　欧美游客国籍构成

三、欧美游客对儒家文化的认知渠道调查

调查主要围绕欧美游客对孔子及儒家思想或文化的了解渠道展开。

关于"您是通过何种途径了解孔子的"这一问题（可多选），共设置了8个选项，具体如下：

A.影视节目＿＿＿＿＿＿＿（影视名称）　B.网络平台　C.人际交往（老师、朋友、同事）D.通过亚洲其他国家的宣传　E.阅读　F.教育过程中　G.孔子学院　H.其他

如果游客选择A选项的话，还需要把影视节目的名称写下来，以备参考。经计算，发现所有选项的被选总次数为454次。其中"教育过程中"被选次数最多，有126次，占到总次数的27.8%。选择"阅读"的为104次，占22.9%，居第二位。选择这两个选项的次数遥遥领先，表明关于孔子的信息主要存在于

书本之中，人们可以在学习和阅读中获得。选择"人际交往"和"网络平台"的次数比较接近，分别为79次（占17.4%）和75次（占16.5%），分别居于第三和第四位，表明通过人际交往和网络也是获取孔子信息的重要渠道。特别是"人际交往"这条渠道具有重要意义，其暗含一个前提，即国外已有许多人掌握或了解孔子的一些信息。而网络平台则不太令人意外，毕竟网络已经成为当前国内外人士获取信息的普通渠道。选择次数居于第五位的是"孔子学院"，虽然只有29次，占比仅为6.4%，但作为仅成立20年左右的汉语教学和推广机构，取得这样的成绩也是令人瞩目的。

选择"影视节目"的次数为20次，占4.4%，表明影视节目中也含有孔子的信息内容。其中，有15个游客写出了含有孔子信息的"电影电视"的名称，它们分别是：History high school，Books，NetFlicks，Discovery Channel，Jokes，Arte Dokv，Movie"Confucius"，Histical Asian Movies/Dramas，BBC，National Geographic，Smash mouth all - star，Charlie Chari Gets Smart，Reading Books，School Learning，History Channel Documentary。虽然游客们在问卷上写的电影或电视节目各不相同，似乎没有可比性，但可以肯定的是，这些电影或电视节目中带有关于孔子的信息，而且这些电影或电视节目的观看者也不会只是受调查的游客，必定有很多观众看到，给更多国外民众带去孔子的信息。

选择"其他"和"通过亚洲其他国家的宣传"选项的次数分别为13次和8次，占比分别为2.9%和1.8%。选择"其他"的游客需要写出相关渠道，其中有10名游客这样做了，写下了如"世界历史的一般知识"（general knowledge of world history），"参观庙宇（孔庙）"（visit temples），"旅行"（by visiting），"中学和大学班级"（high school and college classes），"旅游导游"（tourist guide），"流行文化"（pop culture），"中国旅行"（China tour），"商业交流"（business exchange），"功夫"（Kungfu），"北美流行文化"（north America popular culture）等渠道。这10个渠道可以归纳为4类：① 游览或旅游；②文化交流；③教育；④商业交流。其中，提到"游览或旅游"渠道的游客最多，有4名，占40%。这4名游客中，有1人特别点出是在中国的旅游，可见在中国旅游是了解孔子的最直接的方法。这虽是个例，却可能代表一类群体，表明对来华旅游的国外游客开展儒家文化传播，极为必要。利用好这一渠道，需要做好两个方面的工作，一是要设法促进国外民众对中国旅游的兴趣，二是国内各部门，特别是旅游管理部门，要充分利用游客来华旅游的机会，加大儒家文化的传播。

选择"通过亚洲其他国家的宣传"这条渠道了解儒家文化的游客只有8人，数量不多。欧美游客能够通过亚洲其他国家的宣传了解儒家文化，原因自然是中国对亚洲邻国的儒家文化影响，使亚洲邻国在无意识中起到了传播儒家文化的作用。这虽然是一条间接的渠道，但国外民众观察到孔子对中国邻国的影响，而且是正面影响，更容易理解和接受儒家文化的传播，效果可能更好。

接下来的调查问题是，"您是通过何种途径接触、了解儒家思想或文化的？（可多选）"设置这一问题的目的是了解欧美游客对儒家思想或文化的了解。该问题也设置了8个选项，与上一个问题所设置的选项一致，具体如下：

A.影视节目＿＿＿＿＿＿＿＿（影视名称） B.网络平台 C.人际交往（老师、朋友、同事）D.通过亚洲其他国家的宣传 E.阅读 F.教育过程中 G.孔子学院 H.其他

该问题的选项可多选，经统计后发现游客选择的总次数是449次。其中选择"教育过程中"的次数最多（117次），占总次数的26.1%；选择"阅读"的次数是114次，占25.4%，居第二位；之后依次是"网络平台"（84次，占18.7%）、"人际交往"（74次，占16.5%）、"孔子学院"（30次，占6.7%）、"电影电视"（17次，占3.8%）、"其他"（9次，占2.0%）、"通过亚洲其他国家的宣传"（4次，占0.9%）。

把游客对孔子的了解情况与游客对儒家思想或文化的了解情况进行对比后，可以发现，游客对二者的选择次数极为接近，一者为454次，另一者为449次。按照游客所选次数多少进行降序排列，除了"网络平台"和"人际交往"的次序有所不同外，二者的排列顺序也几乎一致，这一结果可以理解为游客了解二者的来源几乎一致。这并不奇怪，因为"孔子"这一名称本身也是儒家文化的一部分，而且相当一部分游客可能并不清楚儒家思想的其他重要人物如孟子、荀子、朱熹、王阳明等，只把孔子当作儒家思想的唯一代表，也许在部分国外游客看来，孔子和儒家文化二者不可分割。但是在通过电影或电视了解儒家文化方面，与通过电影和电视了解孔子的具体节目略有不同。共17名游客表示，是通过电影或电视节目了解儒家思想或文化的。其中有9名游客写下了电影或电视节目的名称，它们分别是：RCU，Public service station documentary，Net-

Flicks，HIistorical Asian Movies/Dramas，genius of the ancient world(BBC)，National Geographic，Smash mouth all-star，General，History Channel Documentary。这既表明通过电影或电视节目了解儒家思想文化和孔子的游客有所不同，也说明有更多的电影或电视节目包含孔子或儒家文化信息。在儒家文化对外传播中，可以充分利用这一渠道，通过细心研究剖析这些电影或电视节目并与之合作，达到扩大传播的目的。如有游客提到电影《孔子》是其了解儒家文化的渠道，虽然没有说明其是在何种情况下观看的影片，但提示我们可以设法促进国外民众接触该影片的机会，无论是在国内还是国外。办法还是有的，比如在国内旅游景区、涉外服务场所，都可以免费放映这部影片。在国外举行文化交流、展览时，可以免费提供该影片的观影服务，孔子学院也可以定期举办包括该影片在内的电影放映。至于一些国外电视节目，既然他们愿意播放与孔子和儒家文化的信息，不管其是为了收视率还是文化交流，我们都可以尝试与之合作：向节目编辑提供来中国旅游的机会，或向他们提供孔子和儒家文化资料，使其节目内容更加接近儒家文化原貌，以达到促进儒家文化传播的目的。

在了解儒家思想或文化的方式中，游客选择"其他"的次数为9次，其中有8名游客填写了具体方式，有"中国人民大学法学院和一般知识"（Ren Min Daxue Law School and general knowledge）、"本次旅行"（this tour）、"参观庙宇（孔庙）"（visiting temples）、"本次旅行的导游"（tour guide on this trip）、"中国旅行"（China tour）、"中国的其他庙宇（孔庙）"（other temples in China）、"北京孔庙"（Confucius Temple in Beijing）、"一般知识"（general knowledge）。除了一位游客认为是通过"一般知识"了解儒家思想或文化外，其他游客均认为中国的参观旅行是主要的渠道。这与游客了解孔子的方式大致相同，甚至还更集中地表明了中国旅行对了解儒家思想或文化的重要性。

以上调查是针对欧美游客了解儒家文化的现有途径，为进一步调查国外游客希望以何种方式了解儒家思想或文化，研究小组又设计了另一个问题，"您更期望通过何种途径了解儒家思想或文化？"对此，游客共做出了401次选择。其中选择次数居第一位和第二位分别是"阅读"和"网络平台"，分别是117次（占29.2%）和102次（占25.4%），而选择"教育过程中"的次数为76次（占19.0%），居第三位，这是一个明显的变化。在游客了解孔子或儒家文化的现有渠道方面，"教育过程中"一直居于首位，"阅读"居于第二位，而这显然与游客的期望不符。在"教育过程中"获得知识和信息属于被动过程，而从"阅读"和"网络平台"中获得知识或信息则是主动的获取，估计这是国外游客更加青睐这两种方式的原因。另外，也说明随着网络的普及，它在人们获取知识和信息方面的比重在加大。

在前三位之后，按照降序排列，其他方式依次是"人际交流"（51次，占12.7%）、"孔子学院"（24次，占6.0%）、"影视节目"（16次，占4.0%）、"通过亚洲其他国家的宣传"（9次，占2.2%）、"其他"（6次，占1.5%）。在选择"其他"的游客中，其中有5位写出了具体的方式，包括：All approaches are good to know him［所有了解他（即孔子）的方式都是好的］，our guide "Kevin" in Qufu（我们在曲阜的导游凯文），visiting temples（参观庙宇），tour guide（导游）和visiting the sights in Qufu（参观曲阜风光）。看得出，这些方式无一例外都与游览有关。

四、儒家文化对外传播路径探索

开展本调查的根本目的，是希望能从欧美游客了解孔子及儒家思想的渠道中，找到可以利用的途径，以扩大儒家文化在欧美国家的传播。从调查结果来看，欧美游客了解孔子及儒家文化最多的方式是通过"教育过程中"和"阅读"两个渠道。而对"教育过程中"这一渠道，我们很难对此施加影响。事实上，在游客最希望了解儒家文化的方式中，"教育过程中"这一渠道退到了第三位，显然大家对这一渠道的兴趣不高，毕竟游客在受教育过程中是以被动的方式来获取信息，不如主动获取更令人愉快。不过在回答"您更期望通过何种途径了解儒家思想或文化"这一问题时，欧美游客最喜欢的渠道是"阅读"。这些信息表明，本调查的具体数据带来了许多启示，使我们获得了诸多可以扩大儒家文化对外传播的重要路径。

（一）儒家文化对外传播路径之一：扩大儒家文化经典及相关资料在欧美
　　　国家的出版

欧美国家的民众受教育程度很高，据胡润研究院2017年的研究报告显示，全球国民受教育程度最高的10个国家都是发达国家，按照排名顺序分别是：新加坡、芬兰、荷兰、瑞士、比利时、丹麦、挪威、美国、澳大利亚、新西兰①。按实际地理位置来看，除新加坡和新西兰、澳大利亚外，几乎都是欧美国家。受教育程度高的一个表现就是喜欢阅读，因此欧美国家的国民阅读量也非常大。有调查显示，2008年，从国民到图书馆的阅读比例来看，"美国国民去公共图书馆人(次)数是观看足球、篮球、棒球、曲棍球合计总人(次)数的5倍多，每两人中就有一人持有图书馆借书证。而据统计，我国平均每46万人才拥有一座公共图书馆，国民到图书馆阅读的比例仅为11.6%"；从图书阅读率来看，我国在2005年的阅读率为48.8%，而美国为73%，德国为75%。②而2014年中国出版科学研究院开展的全民阅读调查也显示，"我国国民每年人均阅读图书仅有4.5本，远低于韩国11本，法国20本，日本40本，以色列64本。在我国有限的人均购书中，八成都是课本教材"③。上述数据说明，欧美国家的国民阅读率较高，他们从阅读中获得知识的可能性也更大。

因此，加大儒家文化经典及相关图书资料在欧美国家的出版，将是儒家文化对外传播的良好路径。为此，建议做好几个方面的工作。

1. 加强与欧美出版机构的合作

如若在欧美国家出版、发行图书，在我国掌握图书所有权的前提下，可以委托欧美国家的出版机构负责出版和发行工作。主要原因是不同国家出版社的图书出版发行范围有限制，中国国内出版的图书要在国外发行，会遇到许多困难，运输也不方便。如果在国外开设中国自己的出版公司，不但开办困难、费用较高，且筹建周期较长，发行渠道等也需要自己开拓，不是短期内能够实现的，因此与国外出版机构合作是比较实用的解决办法。

2. 整理并重新出版中外名家的儒家经典译本

从19世纪下半期开始，已有多位中外名家从事儒家经典翻译事业，如国外的庞德、顾立雅，中国的林语堂、梅贻宝等，他们翻译并出版了多部儒家作品，或者编写儒家英文著作。这些译本历经读者检验，其本身也已成为经典。这些作品大多出自学者之手，学术性水平较高，但大多在学术界传播，出版数量也有限，因此有必要对这些经典进行集中整理和再版，以充分发挥它们在儒

---

①参见 https://www.sohu.com/a/125589144_353058。

②李海燕：《当前我国与欧美主要国家国民阅读现状之比较研究》，载于《山东图书馆学刊》2009年第5期，第100页。

③参见 http://news.sina.com.cn/c/2014-02-11/134129436080.shtml。

家文化对外传播方面的作用。

3. 注重图书的数字化建设

近年来，随着数字图书资料的增加，许多人的阅读习惯逐渐由纸质转向数字或电子图书。为适应这种阅读形势，有必要开展儒家经典译本的数字化工作。建议我国出版部门与原译本出版社合作或购买版权，尽快将儒家文化经典译本实现数字化或电子化，并向世界各地图书馆或图书市场推广。这是为适应现代国外读者的阅读习惯而做出的努力，虽然可能花费不菲，但对儒家文化对外传播而言意义重大。

4. 儒家典籍的翻译建设

现有已被翻译的儒家典籍只是浩瀚儒家经典宝库的一小部分，还有许多精华典籍尚未有人翻译，毕竟翻译水平高并对此感兴趣的译者数量有限。为此，必须大力培养高级儒家文化翻译人才，在高校翻译专业设置和人才培养方面适当进行政策倾斜。对已从事儒家文化典籍翻译的高级人才，可提供相对优越的待遇和翻译条件，使之能够心无旁骛地从事翻译工作。另外，面对浩如烟海的儒家文化经典，也需要做适当挑选，遴选部分社会影响较大的儒家文化作品，优先翻译和出版。目前，国家社会科学基金资助项目中已包含"中华文化外译"项目，可以在儒家文化典籍外译方面给予侧重，鼓励和促进这方面的翻译工作。

5. 儒家文化普及资料编写和出版

不但儒家文化典籍的翻译出版工作很重要，儒家文化普及资料的编写和对外传播也极为重要。儒家文化典籍学术性较强，哲学意味浓厚，且大多是长篇巨著，大部分国外民众不可能都对学术和哲学感兴趣，因此有必要对儒家文化典籍的内容做适当浓缩，以萃取精华或改编方式，简化内容，形成适合大众阅读的普及版本，经过翻译后再对欧美国家传播。

这项工作必须由熟练掌握儒家经典的"大家"承担，既保留其精华，又不致失去原有的儒家文化意味。另外，普及本的形式也并不一定拘泥于书本，可以改编为视频形式以故事讲述、故事再现、内容授课、动画、漫画、话本等呈现给读者，从而易为更多读者收看。当然，能够以电影或电视节目形式展现儒家文化题材内容，也是吸引观众的重要方法。

6. 规划资金投入事项

以上几个针对儒家文化资料出版的建议，无一例外都需要资金方面的支持。如若资金都由国家财政支付，虽然值得，但数额庞大，可能并不现实。可以采取政府和民间资金结合的方式，以政策优惠形式（如减免税、政策扶持、贷款优惠等）吸引民间资金加入。对此，须由一个部门做统筹规划，制定具体的资金支出项目和政府具体支持力度，配合制定吸引民间资金的办法，使投入资金能够所用适当，真正实现儒家文化对外传播的目的。

（二） 儒家文化对外传播路径之二：加强儒家文化对外传播网络平台建设

在欧美游客获取儒家文化知识或有关孔子信息的渠道中，"网络平台"的支持率居于第三位，但针对"您更期望通过何种途径了解儒家思想或文化"这一问题，"网络平台"选项升到第二位，说明游客比较期望从网络平台获得儒家文化信息，这也符合时下网络普及的大形势。随着因特网网速的大幅提升和覆盖面的扩大，人们几乎可以随时随地登录互联网，特别是随着移动设备的普及，几乎可以随心所欲地从网络中获取资讯，方便至极。

顺应形势，儒家文化对外传播也应适应网络传播的形式。在部分人看来，作为传统文化，儒家文化似乎与现代网络不搭边，这种想法并非全无道理，因为的确无法把全部的儒家文化以网络方式呈现出来。但我们的目标并不是把所有儒家文化网络化，而是通过网络尽力传播儒家文化。基于这个目标，只要能够吸引国外民众关注并恰当了解儒家文化即可，如有人想要了解更深刻或深奥的儒家文化内容，完全可以通过阅读或到儒家文化起源地加以体验。

事实上，建设儒家文化网站也不是简单地把儒家文化知识或内容搬到网站即可，而是要在把握儒家文化特色的基础上，以高质量、多彩的内容和形式全面展现儒家文化。这需要由文化传播专家、儒家文化研究专家、网络设计人员、平台内容设计指导等专业人员的通力合作，才能实现上述目的。目前的大多数儒家文化网站，只有网络设计人员，虽然在网站的架构等方面做出了许多思考和布置，但由于对儒家文化精髓理解不够，内容设计流于形式，且宣传意味过浓，对国外民众吸引力不强。对此，儒家文化网络平台或网站应专注于提供体现儒家文化内涵的内容，包括文字、图片和音视频等，适当融入部分可由观众线上或线下参与的活动，以增强吸引力。另外，为吸引国外民众，网站内容还应符合国外风俗和习惯，既严谨又具有活力，才能争取到观众的点击观看。否则，在纷繁众多的网络内容中，观众没有理由舍弃他们自己的哲学大师苏格拉底、柏拉图和亚里士多德，而专门打开儒家文化网站了解孔子的思想。

（三）　儒家文化对外传播路径之三：培养儒家文化的潜在传播者

在欧美游客了解孔子和儒家文化的方式中，"人际交往"方式获选择的次数居于第三位，占总次数的六分之一，而且在游客希望了解儒家文化的方式中，该方式也居于第四位，可见这是欧美游客了解儒家文化的一个比较重要的方式。实际上，在"人际交往"中，如果人们之间的信任度较高，关于儒家文化的介绍则更容易被关注，也更容易被理解和接受。在调查问卷中，"人际交往"的范围包括老师、朋友和同事，都是与问卷调查对象比较亲密的人员。他们既然在交往中提到儒家文化，说明他们已对儒家文化有了一定的了解。因此，通过了解儒家文化的人群传播儒家文化，是一条可行的儒家文化传播路径。但是，目前了解儒家文化的国外民众数量较少，而且无法了解其传播意愿，因此，要实现并扩大这条路径，需要培养一批具有儒家文化知识和传播意愿的儒家文化潜在传播者。

具体的培养方式，可以从以下三种方式着手。

1. 向来华游客传播儒家文化知识，使之成为潜在儒家文化传播者

游客来华，肯定是对中国或中国文化感兴趣，其中有些可能已对中国文化或儒家文化有所了解，另外一些游客虽不了解，但有了解的渴望。对他们开展儒家文化知识传播，有可能使之成为儒家文化的潜在传播者，因为如果国外游客对儒家文化有所了解，他们在与家人、同事、朋友、学生交谈中，可能会提到儒家文化，提到对儒家文化的理解，由此可能激起他人的好奇，从而起到传播儒家文化的作用。从心理学上说，人往往相信与自己背景相似或相同的人，一个国外游客向国外民众介绍儒家文化，可能比一个中国人向他们介绍儒家文化更容易得到信任，能更好地传播儒家文化。

为此，国内应对所有来华的欧美游客做好接待工作。这种接待不是指普通

的旅游接待，不仅是指在饮食和住宿方面的良好安排，还包括对他们进行潜移默化的儒家文化熏陶，如向他们提供免费参加儒家文化讲座和体验儒家文化的机会，使他们尽可能多地获得关于儒家文化的知识和体会儒家文化精神，过后即使不能得到他们的认同，也让他们以客观的态度评价儒家文化。如果他们能理解儒家文化并对其产生好感，那就最好不过了。

东西方之间一直在文化和思想方面存在巨大鸿沟，虽然在全球化的趋势下，这种差距似乎被缩小了，但从未被真正消除。在合适的条件下，总会以某种面目突然出现。因此，增进东西方的了解和理解，必须从文化方面突破。让欧美游客了解儒家文化，就是突破的重要一步。儒家文化与苏格拉底、柏拉图等西方哲人的学说有诸多共同之处，只不过看世界的角度和方法有所不同，了解儒家文化，将使得东西方的差距甚至对立无限缩小，形成和谐的一体。

中国人深受儒家文化影响，了解了儒家文化就基本了解了中国人和中国方式，中国取得的成就和处事方式就能得到更多的认同。欧美游客对儒家文化的了解，通过人际交往，可以促进更多欧美民众对儒家文化的了解，就如滚雪球那样，越来越深厚。因此，做好欧美游客的儒家文化知识传播，关系到中华民族的复兴和崛起，意义重大。

2. 鼓励有机会接触欧美民众的华人传播儒家文化

有机会接触欧美民众的华人，包括从事外贸和外交工作的人员，定居欧美的华人华侨以及在欧美求学的中国留学生。他们受教育水平较高，对儒家文化有一定了解，且有外语优势，在儒家文化对外传播方面能够起到较大作用。

尽管如此，对于这部分人员，还需要做好两个方面的工作，以促进其对儒家文化的对外传播。首先，要提高这部分人员的儒家文化对外传播能力。虽然他们已具备一定的儒家文化知识，但是这部分知识可能是道听途说，并非来自权威的资料或专家，其所掌握的儒家文化知识可能与真正的儒家文化有些偏差。如一提到儒家文化，人们首先想到的是"孝顺"和"三从四德"等。事实上，"孝"的确是孔子所坚持的理念，但"三从四德"却不是其所说，甚至我们中国人现在都在批判这种说法，因此把"三从四德"这种连我们都不信服的儒家文化知识传播出去，对于欧美国家十分奉行性别平等的民众而言，简直就如噩梦一般。即使孔子说过"唯女子与小人为难养也"这样的话，也是有条件的，并非说所有的女子都是无知无赖之徒。因此，传播儒家文化须有一定的规范，不是任意传播自己对儒家文化的理解、甚至曲解。对此，国家应制定一定的儒家文化对外传播策略，使之与目前的形势相适应，毕竟孔子在两千多年前面对的社会和今天大不相同，即便是西方国家的妇女争取与男子平等权利的运动也只是近200年之内的事情，获得这种权利的时间则更短。

其次，还要加强华人华侨传播儒家文化的意愿。如果觉得他们作为中国人，传播儒家文化是应尽的责任，这种想法是不错的，但也要意识到，传播儒家文化毕竟是要耗费时间和精力的。传播儒家文化要借助人际交往过程，而这一过程也许有其本来目的，如业务交流或商务洽谈等，毫无疑问，传播儒家文化就会缩短其他业务交流或商务洽谈时间。传播过程中存在的实际困难，导致并非每个人都愿意传播儒家文化。因此，为鼓励华人传播儒家文化，需要制定一些激励措施，从精神上和物质上奖励传播者。比如把民族复兴和儒家文化对外传播结合起来，民族复兴需要民族的发展，也需要国际社会的认可和认同，而对外传播儒家文化就是获得国际认可、认同的方式之一。因此作为华人有义务传播儒家文化，有义务为中华民族复兴付出努力。对这些在儒家文化对外传播方面付出巨大努力的人员，要给予荣誉和表彰等，这是精神上的激励措施。在物质上，可以对做出传播贡献的人员根据贡献大小给予适当物质奖励等，以激发其积极性。实行这些激励措施，不是不信任华人，而是如果付出和收获不对等，人就没有动力和积极性，即便去做了，效果也可能不尽人意。

3. 培养大学生、研究生的儒家文化对外传播能力和意愿

在校大学生和研究生，接触国外人士的机会较少，但作为高学历人才，他们在毕业后的工作岗位可能会与国外人员接触，因此提前培养他们的儒家文化对外传播能力和意愿是未雨绸缪，也体现了儒家文化对外传播的长期性特征。指望在短期内就能做出儒家文化对外传播的大成绩，是不现实的，毕竟传播和理解是需要时间的。

培养大学生和研究生的儒家文化对外传播能力，主要是培养他们对儒家文化的理解和用外语传播儒家文化的能力。培养他们在这方面的能力，最好结合英语课程的学习来进行，使他们既能接受传统文化教育，又能锻炼其英语应用能力，一举两得。但要注意，在这种能力的培养过程中，尽量不增加学生的负

担和影响英语学习，否则可能引起他们的反感，得不偿失。培养儒家文化传播能力的目的是使他们在未来能够发挥传播作用，如果在培养过程中令其反感，传播可能根本不会实施，更不用说达到传播效果。

另外，还要培养大学生和研究生的儒家文化传播意愿，使其自愿传播，才能发挥他们的能动作用从而达到最佳效果。大学生和研究生一般具有较高的爱国热情，愿意为国家做贡献，因此在讲授儒家文化时，多讲一些儒家文化的精华，激起他们对我国传统文化的自豪感，是最好的办法。还可以举办一些儒家文化知识竞赛之类的活动，鼓励他们积极掌握儒家文化知识，为将来的传播打好基础。除此之外，还可以鼓励学生到各种国际儒家文化活动现场做外语志愿者，如一年一度的国际孔子文化节、国际儒家文化论坛等活动，近距离与国外人士交流，传播儒家文化，锻炼传播能力。这种学以致用的方式，无形中可以提升他们的儒家文化对外传播的动力。

4. 向华人、大学生、研究生等传授儒家文化话语传播技巧

华人、大学生和研究生在传播儒家文化的过程中，要注意不要刻意去传播儒家文化，否则给人以文化推销之感，容易引起反感。因此，在谈话过程中，从一个话题顺利转向儒家文化话题，是需要一定技巧的。学习这些技巧，可以避免说教式传播印象，使儒家文化传播更加自然。本来欧美国家对我国儒家文化对外传播就带有警惕性，误以为这是一种文化侵略，因此在传播中要谨慎，避免弄巧成拙。

为此，国家应对此专门加以研究，思考如何以巧妙的方法实现话题转换，然后对潜在传播者进行相应的培训，以达到最佳传播效果。

（四） 儒家文化对外传播路径之四：加强孔子学院的儒家文化对外传播能力

在欧美游客了解孔子和儒家文化的方式中，孔子学院居于第五位，在他们希望了解儒家文化的方式中也居于第五位。从这些数据来看，似乎孔子学院的重要性不强，实际情况则恰恰相反。作为设立仅20余年的语言文化交流机构，能够在儒家文化传播中占有一席之地，是极其不易的。首先，相当一部分欧美游客通过孔子学院了解到有关孔子和儒家文化的信息，表明孔子学院具有较大的生命力和影响力。这些游客或者在孔子学院学习过，或者通过孔子学院的儒家文化传播而获得儒家文化信息，甚至是通过关于孔子学院的报道了解了一些儒家文化，不管哪种情况，都表明孔子学院已成为部分欧美人生活中的一部分。而部分欧美游客希望从孔子学院了解儒家文化，则说明他们希望参加孔子学院的课程学习，这是十分令人鼓舞的现象，毕竟一个外国的语言文化交流机构能得到欧美民众的认可，本身就是一项了不起的成绩。

在前面第二章和第三章中已对孔子学院进行了简要介绍，可知孔子学院在全球已经呈现遍地开花的趋势。虽然开办过程中遇到了一些困难、误解甚至抵制，但孔子学院仍然在顽强地坚持中国文化和儒家文化的传播，并取得了有目共睹的巨大成绩，得到了来自世界各国的赞许。

在传播儒家文化的过程中，要注意与时代的结合，重点传播表现中国人的勤劳勇敢精神以及和平处事方式的儒家文化内容，而不是那些失去社会基础和意义的东西，否则浪费时间精力，还容易造成误解。如不必讲述孔子时代的作揖、跪拜和坐立方式，这些礼仪连我们中国人都已经不再使用，向国外民众讲授就更没有意义了，否则他们会误以为我们中国人至今还生活在这种繁文缛节中，会无形中降低中国形象。另外如果他们来中国，发现孔子学院讲的内容和现代中国人的生活方式不同，很可能又会以为孔子学院在搞欺骗，影响孔子学院的声誉。建议孔子学院在进行儒家文化传播时，要贴近中国现在的生活实际，以之为例讲授儒家文化，才能令人信服。举例来说，中国人历来把外国人视为外国友人，这一点符合孔子"有朋自远方来不亦乐乎"的观点，便是儒家思想的现实体现，传播这样的儒家文化显然更容易为国外民众所接受。

（五）儒家文化对外传播路径之五：发挥电影电视对外传播儒家文化的作用

游客调查表明，在获得孔子或儒家文化知识的各种方式中，"影视节目"居于第六位。这个名次不靠前，而且这里的"影视节目"大多指的是国外影视节目。部分游客提到的含有孔子信息的影视节目有如下几个：History high school，Books，NetFlicks，Discovery Channel，Jokes，Arte Dokv，Movie "Confucius"，Historical Asian Movies/Dramas，BBC，National Geographic，Smash mouth all-star，Charlie Chari Gets Smart，Reading Books，School Learning，History Channel Documentary。其中只有电影孔子（Movie "Confucius"）是我们中国的电影，其他均为国外电影或电视节目。游客所提到的含有儒家文化信息

的影视节目有：RCU，Public service station documentary，NetFlicks，Historical Asian Movies/Dramas，genius of the ancient world(BBC)，National Geographic，Smash mouth all-star，General，History Channel Documentary，这当中没有一个是中国的电影或电视节目。以上事实表明，国外电影电视节目的确涉及儒家文化内容，而且也有欧美民众会观看这些电影或电视节目，这对儒家文化对外传播而言似乎是个好现象。但凡事都有两面性，国外的电影或电视节目在介绍儒家文化时，它们秉持的观点和态度是什么，是正面的宣传还是负面的否定，这些都难以确切知道。而这却是至关重要的，因为这关系到欧美国家如何看待我们国家及中国人的问题，以及我们在实现民族复兴上能否得到国际社会理解的问题。我们必须在欧美播放的电影和电视节目中发出自己的声音，以自己的方式介绍儒家文化，让欧美民众真正了解和理解我们。

要达到这一要求，必须使我国的电影或电视节目获得欧美国家的认可。目前来看，这一目标的实现之路仍很漫长。以2009年由胡玫导演的电影《孔子》为例，这一耗费巨资的传统文化题材电影，仅获得国内票房9088万元，国际票房则难以查到，显然未达到披露的最低线。这与动辄就有几亿、几十亿美元票房的好莱坞电影相比，的确存在巨大差距。票房不是电影价值的唯一体现方式，但能在一定程度上反映观众的数量及观众的认可度。对儒家文化传播而言，《孔子》的票房价值更多地体现在观众数量上，若没有观众，通过电影传播儒家文化显然是不可能的。欧美观众对影片《孔子》不感兴趣，除了文化障碍的隔阂外，一定还存在其他因素。几乎同时面世的西方题材电影《阿凡达》在2009年能够实现票房收入27.90亿美元，并获得中国观众的追捧，说明文化隔阂并非阻碍电影票房高企的关键。文化可以不同，但人类的情感是共通的，如同美国电影《乱世佳人》，虽讲述的是美国南北战争的故事，却仍然不妨碍中国观众为之动情、落泪。中国儒家文化传统题材电影的对外传播，除要保持中国文化特色之外，还应注重人类共情的表达，引发普遍的人类情感，才容易获得国外民众的认同，并借此实现儒家文化传播。虽然中国传统文化题材资源丰富，但以历史正片形式拍摄的电影目前仍然屈指可数，大多是以虚构形式呈现，且多以宫斗为主要内容，缺乏历史真实感和哲学价值。从这个意义上说，电影《孔子》在儒家文化对外传播方面显然没有达到原有目标，但却是一次了不起的尝试。

至于电视节目，几乎存在同样的问题。中国电视节目和频道在欧美国家影响力较小，传播儒家文化的效果不佳，在欧美游客调查所列举的电视节目中没有中国制作的电视节目，这一现象足以说明问题。

中国的电影和电视节目难以走向世界，主要原因在于思维方式与西方的差异。在制作电影或电视节目时，编剧和导演往往缺乏全球化意识和视野，往往以中国式思维考虑或处理问题，无法获得欧美民众的认同。举一个简单的例子，欧美等西方国家时间观念较强，讲究效率，体现在电影和电视节目中也是如此，人物的动作和行为快速简单，几乎不拖泥带水。而在电影《孔子》中，为表现孔子尊礼出现了孔子觐见鲁国国君时三次跪拜的情形，对熟悉跪拜的中国人而言，虽然感到孔子的行为有点迂腐可笑，但很快就明白孔子对规矩和礼节的恪守精神，不禁肃然起敬，对影片的拖沓也就不以为意了。但对没有此类文化背景的欧美观众而言，这种缓慢的动作重复实在是太无聊了，他们感受不到其中蕴含的独特含义，便会产生误解。另外，孔子与国君的对话，也是在极为缓慢的节奏中进行，中国观众当然理解这是适合于威严和庄重场合的必然气氛，而且观者遇到这种镜头和场面也不禁庄严以待。而欧美观众则难以理解这样的拖沓冗长，最终感觉兴味索然而失去继续观赏的欲望。对这样的情节，可以处理成不同的方式，形成国内外两个版本，中国版本可以以中国人所接受的方式拍摄，而国外可以处理成国外观众能够理解的方式，如孔子尊礼的情节完全可以用对话形式体现，而不必处理成缓慢的跪拜。孔子与国君的对话，在国外版本中，也可以处理成快速决断的模式，吸引国外观众。传播儒家文化是传播其精髓，而不是皮毛，也不是照搬古人的日常生活状况。在一个现代中国都已经消失的三跪九拜礼节，完全没有必要展示给国外观众，让他们误以为中国人的日常就是这种样子，所产生的误解可能比不传播儒家文化还要糟糕。所以，在不损害儒家思想本质的情况下，以全球化思维处理儒家题材影片和电视节目内容，是时代的需要，是文化对外传播的需要，是反映现代中国和中国人真实生活状况的需要。毕竟儒家文化传播的根本目的不是复古，而是让国外民众了解按照儒家思想观念生活的现代中国的真实样子，从而消除误解，增进理解，使世界形成和谐共生的命运共同体。

（六）儒家文化对外传播路径之六：对入境游客开展儒家文化传播

在了解孔子的方式中，有游客选择了"其他"方式，虽然只有13次，也说明游客可通过一些我们未知的方式了解儒家文化。其中有10名游客写下了具体的方式，包括"世界历史的一般知识"（general knowledge of world history）、"参观庙宇（孔庙）"（visit temples）、"旅行"（by visiting），"中学和大学班级"（high school and college classes）、"旅游导游"（tourist guide）、"流行文化"（pop culture）、"中国旅行"（China tour）、"商业交流"（business exchange）、"功夫"（Kungfu）、"北美流行文化"（north America popular culture）。在了解儒家思想或文化的方式中，也有游客选择"其他"这一选项，其中有8名游客填写了具体方式，包括"中国人民大学法学院和一般知识"（Ren Min Daxue Law School and general knowledge）、"本次旅行"（this tour）、"参观庙宇（孔庙）"（visiting temples）、"本次旅行的导游"（tour guide on this trip）、"中国旅行"（China tour）、"中国的其他庙宇（孔庙）"（other temples in China）、"北京孔庙"（Confucius Temple in Beijing）、"一般知识"（general knowledge）。而在回答"最喜欢以何种方式了解孔子和儒家文化"时，选择"其他"的有6次，其中5人写下了具体方式，包括 All approaches are good to know him ［所有了解他（即孔子）的方式都是好的］、our guide "Kevin" in Qufu（我们在曲阜的导游凯文）、visiting temples（参观庙宇）、tour guide（导游）和 visiting the sights in Qufu（参观曲阜风光）。从以上数据可知，无论是欧美游客了解孔子或儒家文化的方式，还是他们最期望了解孔子和儒家文化的方式，除少数游客选择在中国学习、武术或商业交流外，大多数与在中国的旅游有关。显然来华旅游使他们有机会对孔子和儒家文化产生了解，而且旅游是他们最期望的方式。这部分人在游客的总人数中占比较小，这给了我们两个启示。

（1）大部分游客在来中国之前已对孔子或儒家文化有了一定了解，说明儒家文化对外传播的重要性。

人做事都是有目的性的，对儒家文化的了解可能是促使他们来华旅行的重要动因。当然他们原先对儒家文化的了解可能是有限的和抽象的，中国之旅可以使之对儒家文化及中国有具体和感性的了解，或者说更深刻的了解。这对提升中国的国际形象是有益的，因为西方媒体传播的倾向性和我国对外传播力度不够，西方乃至世界对中国的了解，可能仍是根据1个世纪前传教士或文学作品中对中国的描述而得出的，因此在现代西方民众的眼中，对中国的印象还停留在20世纪初期。而事实上，中国的发展日新月异，早已不是那个愚昧、落后的古老国度，而是充满活力的社会。相信来华旅行的国外民众，包括欧美民众，肯定对印象中的中国和现实中的中国之间的差异感到惊讶。

少数游客是来华旅行后才了解儒家文化的，而大部分欧美游客在来华旅行之前就已对儒家文化有所了解，这应部分归功于儒家文化对外传播所取得的成绩，也进一步表明开拓儒家文化对外传播路径的极端必要性。只有加强儒家文化对外传播，才能使更多的国外民众了解儒家文化并来华旅行，才能对中国和儒家文化有更深入的了解，才有可能改变对中国的刻板印象，消除对中国的误解和误会，才能在一系列国际事务中，更加愿意与中国开展合作而不是消极对待甚至抵制。

（2）来华旅游前不了解儒家文化的游客是少数，但他们代表一个群体，也值得重视。

虽然本调查显示来华旅游前不了解儒家文化的欧美游客占少数，我们也不能忽略对他们的儒家文化传播。不论他们出于何种原因来华旅行，可以肯定他们对中国感兴趣。虽然他们占比少，但也代表一部分欧美民众。"星星之火，可以燎原"，他们的来华旅行经历可能会对周围的人产生影响，因此也要引起重视。何况，面对数量庞大的来华欧美游客，我们也不了解谁对儒家文化已有了解，谁还没有了解，必须一视同仁地向他们开展儒家文化传播，引导他们体验儒家文化，体验中国的生活方式。这样，不论对儒家文化是否已有了解，他们都会有自己的感受。已对儒家文化有了解的游客，可能会有更深切的了解和体会；没有了解的游客，也会有意料之外的惊喜。最关键的是，他们接受了儒家文化，进而也可能成为儒家文化的传播者，使我们的对外传播达到事半功倍的效果。

为此，应重视每一个来华旅行的欧美和国外游客，利用一切可能的机会促进他们对儒家文化的了解。建议旅游管理部门制定并出台一些规则和规章，规定旅游接待人员都有儒家文化传播的义务，都要以适当的方式传播儒家文化。其中，导游是最直接的传播者，因此提高导游的素质和儒家文化素养是重中之重。导游的一言一行都体现着儒家文化精神和国家形象，必须自觉加以维护。为使导游达到这一标准，可以对导游开展适当的儒家文化培训，并提高其待遇，避免因小利而失去儒家文化传播机会，甚至做出适得其反的事情。除导游外的其他接待国外游客的人员，也要配合导游，在言行上展现礼貌、好客、宽容和儒雅的姿态，体现儒家文化"仁""义""礼""智""信"的精髓，也是儒家文化对外传播的具体体现。

以上关于儒家文化对外传播的路径，是从欧美游客儒家文化认知调查中推理得出的，虽然不够精细，但也从大方向上提供了较好的建议，可避免大水漫灌式的投资和努力、节省大量的时间和人力物力。国家可以从以上建议路径着手，制定符合我国国力和国情的儒家文化对外传播政策和策略，把儒家文化对外传播的意义提升到民族复兴的高度，使儒家文化对外传播成为中国人的义务和责任，充分利用各种可行路径，充分发挥各路传播者的作用，使儒家对外传播遍地开花。

儒家文化对外传播是国策，要大力推进，但实施过程中也要注意低调，避免引起反感甚至误解。在儒家文化对外传播中，要注意具体策略，传播的目的是求得认同和好感，而不是相反。如果预计无法达到传播效果，甚至可能带来负面作用，则宁可不做传播，或者更换传播时间和方式，另寻传播机会，毕竟儒家文化传播是长期国策，不是短期行为。

另外，传播儒家文化首先要自己相信并践行，因此在对外传播的同时，也不要忽略在国内的儒家文化传播，只有这样，才能使国外民众真正认同儒家文化。

最后要指出的是，国家的强大才是文化输出并获得认同的根本，正如一个人只有自己致富了，自己的经验才能得到别人的认同一样，只有国家富强，国外民众才会从心底佩服或认同儒家文化。可以说，儒家文化对外传播的底气是国家实力，只有在国家实力强大的基础上，儒家文化对外传播的策略和技巧才能发挥最大的功能和作用。不过，儒家文化对外传播的目的也是为了获得国际认同，以加快我们国家的建设和发展，因此从本质上说，二者是相辅相成的。鉴于此，国内发展建设和儒家文化对外传播必须要一起抓，并从国家收入中拿出部分资金支持儒家文化对外传播，以促进国际社会对中国和平发展的认同，形成二者相互促进的良好局面，为实现中华民族的伟大复兴铺平道路。

第六章　儒家文化对外传播新路径
——借助国外游客传播儒家文化

16世纪末，基督教传教士利玛窦将"四书"译成拉丁文寄回本国，开始了儒家经典的对外传播。在近代，儒家文化对外传播以中国学者林语堂、辜鸿铭等人为代表，他们翻译儒家经典并介绍到西方国家，虽然人数较少，数量有限，但起到了让西方了解中国的目的，功不可没。改革开放后，中国的经济得到迅猛发展，但是文化软实力与经济发展并不匹配，严重制约了国家综合国力的提升，因此文化软实力受到了国家领导层的关注，"文化走出去"成为国家战略，包括儒家文化在内的传统文化受到高度重视，对外传播也获得了难得的发展机遇。此后，"孔子学院"在各国逐渐设立，中西文化交流也不断开展，各种类型的中国文化年会在各国不断举办，儒家文化题材电影和电视节目也加大输出力度，大大促进了儒家文化的对外传播。"我们的儒学模因在西方世界已经基本完成以生存为目的的同化阶段，而进入到增加模因保真度、提高模因民族性的异化发展阶段"[1]，表明儒家文化对外传播已经取得了阶段性的成果。但总体而言，儒家文化在国外的传播和接受情况仍然未达到预期。以美国为例，邱凌的调查显示，对儒家文化十分感兴趣的美国民众仅占被采访者的3.13%[2]，显然儒家文化的对外传播仍面临较大困难。为在传播方面有所突破，有学者建议应改变对外传播策略，以西方民众能够接受的方式传播儒家文化，如在翻译中考虑西方民众的文化自觉和受众意识，"中西方译者，……，要在

---

[1]陈薇：《传统儒家文化模因西方传播的异化趋势研究》，载于《湖北社会科学》2014年第7期，第113页。

[2]邱凌：《儒家思想在西方国家的公众认知与传播现状》，载于《对外传播》2015年第6期，第10页。

文化自觉理念的指导下，加强与异质文化间相互了解、对话、相处的能力，并在充分考虑受众意识的前提下采用创造性异化与归化相结合的翻译策略，使我国儒家典籍中深邃广博的宇宙观和人生哲学在异域文化中绽放光彩"①。当然，也有学者认为，除了重视传播策略外，还要考虑开发和开拓新的传播路径问题，使"传播主体和渠道实现多元化"②，这为儒家文化传播提供了新的思路。不过，当前学者们的研究多集中于已有传播渠道，如陈为春从"第三文化"角度讨论了美国孔子学院在中国文化传播方面的作用和潜力③，张楠楠、杨梦溪分析了电影在儒家文化传播方面的作用④，臧丽娜、任谦探讨了齐鲁文化修学游中的跨文化传播路径问题⑤。然而，对新的传播路径的开拓，目前尚缺乏有实效的研究。

在现有的儒家文化传播路径中，"孔子学院"的影响力最大，成绩也最显著，以致给人以"一枝独秀"的感觉。正因如此，国外学者和民众对"孔子学院"的议论较多，而且明显分为两种观点：一种观点以 Hartig（2016）、Paradise（2009）等为代表，他们对孔子学院在儒家文化传播和汉语教学方面的作用及对所在国的影响做了客观、理性的评价，而另一种观点则以 McCord（2019）、Wood（2018）等为代表，他们对孔子学院的文化传播和运作模式心存疑虑甚至敌意，将之视为"文化侵略"或危险的"特洛伊木马"。两种态度都体现了对中国文化对外传播影响的关注，但疑虑和敌视态度恰恰说明他们对儒家文化缺乏了解，也从反面证明加强儒家文化对外传播是当务之急。问题是，如何既能加强传播，又能避免来自国外的诸如"中国文化入侵""中国文化殖民"等无端指责呢？为此，笔者大胆设想，在儒家文化传播中，如果我方能最大限度地少出面或不出面，或许可以避免这种消极因素的影响。于是笔者想到可以利用来华旅行的国外游客开展儒家文化对外传播这一思路。这种想法

①赵丹：《儒家典籍海外传播的文化自觉和受众意识》，载于《湖北社会科学》2014年第2期，第99页。
②李玉良：《论全球化语境下儒家思想的对外传播——问题与策略》，载于《青海社会科学》2012年第5期，第132页。
③陈为春：《孔子学院文化传播与"第三文化"探讨——以中国传统文化在美国的传播为例》，载于《中华文化论坛》2015年第4期，第30-33页。
④张楠楠、杨梦溪：《中国电影对我国传统文化的跨文化传播——以〈孔子〉为例》，载于《电影评介》2016年第7期，第19-21页。
⑤臧丽娜、任谦：《论"齐鲁文化修学游"品牌的跨文化传播路径构建》，载于《山东社会科学》2017年第8期，第124-130页。

是受现实中一种常见心理现象的启发而得出，即人们倾向于相信背景相同或相似的人，"非我族类，其心必异"即是这种心理的最好诠释。为验证这一思路是否可行，笔者与研究小组一起开展了实地调查。

问卷分为两部分：①欧美游客儒家文化认知调查；②欧美国家儒家文化传播条件和欧美游客儒家文化传播意愿调查。前者主要考察欧美游客对儒家文化的掌握情况，后者则考察利用欧美游客开展儒家文化传播的可行性。因调查对象为欧美游客，所以问卷的语言形式为英语。问卷调查始于2018年5月，在山东省曲阜市的5A级景区"三孔景区"展开，到10月份结束，因暑假期间天气炎热国外游客较少，其间中断调查一段时间，实际调查时间约为三个月。调查问卷对欧美游客随机发放，秉持自愿原则，因此并非逐个调查，调查中注意尊重游客隐私，尊重导游的安排，尊重游客的自由，因此问卷中的问题多有遗漏或省略。为保证调查效果，只有作答三分之二以上的调查问卷才被认为有效，以此标准获得有效问卷280份。其中不属于欧美游客（包括3名韩国人、3名日本人、3名埃塞俄比亚人和1名苏丹人）的问卷有10份，除去这些之后，共得到有效问卷270份。

第一节　欧美游客身份简况

本部分与第五章中针对欧美游客的儒家文化认知调查的调查对象一致，所以此处仅对受调查游客的身份做简要说明，包括性别、年龄、学历和国籍等基本信息，主要目的是考察被调查游客是否涵盖各年龄层次的人群，判断他们所拥有的国籍是否能充分代表欧美各个国家，以及他们的学历是否有利于儒家文化的传播。

在270份欧美游客调查问卷中，表明性别的有255人，其中162人为男性，占总数的63.5%，其余93人为女性，占36.5%。从数量上看，男性远多于女性，似乎表明男性更乐意了解其他国家的文化或者说对哲学更感兴趣一些。

大部分游客（266人）填写了年龄，而且涵盖了从11岁起的各年龄层次，说明本次调查具有广泛的代表性。从所得数据可知，游客以11~30岁之间的年轻人为主，占被调查游客总数的56%，原因可能是年轻人更喜欢旅游以及参加"修学游"的欧美游客以年轻人居多。另外，有游客的年龄竟然在70岁以上，虽然人数不多，但也彰显出曲阜"三孔景区"的独特魅力。

在被调查的欧美游客中，共231名游客填写了受教育程度。其中拥有博士学位的游客26人，占总数的11.3%；61名游客拥有硕士学位，占26.4%；47人拥有中学学历，占20.3%；拥有学士学位（本科学历）的人数最多，有97人，占42%。根据以上数据可知，高学历游客即拥有硕士或博士学历的占37.7%，远高于拥有中学学历（20.3%）的比例，说明欧美游客学历越高，对儒家文化越感兴趣。

关于国籍，填写的游客明显减少，只有145人，占被调查游客的52.2%，表明他们的国籍保护意识较强。本次调查表明，这些游客来自26个欧美国家，其中2名游客拥有双重国籍。根据游客填写的国籍数量排名，居于前八位的分别是美国（32人，占22.1%）、澳大利亚（21人，占14.5%）、德国（19人，占13.1%）、加拿大（14人，占9.7%）、法国（13人，占9.0%）、英国（6人，占4.1%）、荷兰（6人，占4.1%）、西班牙（4人，占2.8%）。很明显，美国是游客所占比例最高的来源国，其他国家也多为具有较大国际影响力的欧美国家，说明这些国家的国际地位与其国际交流意愿大体成正比，同时也表明本次调查体现的是欧美主要国家的民众对儒家文化的认知情况。另外，因本次调查问卷上已标明为"欧美游客儒家文化认知调查"，所以未填写国籍的游客将被默认为欧美游客。

第二节　欧美游客的儒家文化认知

此处主要调查欧美游客是否具备一定的儒家文化知识，是否具有传播儒家文化的能力。对此，调查问卷中的调查内容主要涉及五个方面：对孔子身份的认知；对儒家文化的了解程度；对儒家经典的认知；对儒家文化相关活动的了解及参与；对儒家文化发源地的了解。所有问题均为选择题。

一、孔子身份认知

关于"孔子的身份"这一问题，共设置了5个选项："哲学家""教育家"

"伟大的思想家""完人""古代著作事迹的保存者"。选项可以单选，也可
多选。

270名游客都对此问题做了选择。其中，74人同时选择"哲学
家""教育家""伟大的思想家"，人数最多，占总数的27.4%。把孔子视为"哲学家"和
"伟大的思想家"并不令人意外，但视其为"教育家"则说明有相当部分的欧
美游客对孔子的教育经历和事迹有所了解。孔子与西方著名哲学家的不同之处
在于，孔子所处的时代，教育由官方垄断，普通民众没有受教育机会。于是孔
子开门授徒，一生致力于传道授业解惑，而且注重因材施教、教育方法新颖，
被尊为"至圣先师"。单独选择"哲学家"的有58人，占21.5%，居第二位。
值得注意的是，选择"完人"和"古代著作事迹的保存者"的人数较少，说明
欧美游客对孔子的认知比较理性和全面（见表6-1，表中剔除了无效选项）。

表6-1　欧美游客对孔子的认知

孔子身份	选择数量	百分比
哲学家/教育家/伟大的思想家	74	27.4%
哲学家	58	21.5%
哲学家/教育家	26	9.6%
哲学家/伟大的思想家	25	9.3%
伟大的思想家	22	8.1%
教育家	15	5.6%
完人	4	1.5%
古代著作事迹的保存者	1	0.4%

二、儒家文化认知程度

此处共设置2个问题。

共259位游客对"此前是否接触过儒家文化"做了选择，其中，选择
"是"的有198人，占总数的76.4%，其余61人选择了"否"，占23.6%。因此
推断，大部分游客先对儒家文化有了接触或初步了解之后，才来到曲阜参观旅
游。同时，这一数据也表明，让欧美国家的民众"首次"接触儒家文化至关重
要，不但可引起他们对儒家文化的兴趣，还可为以后深度了解儒家文化打下
基础。

不过在"对儒家文化的了解程度"这一问题上，选择"不太了解"的游客

达到209人，占80.7%，而选择"不了解""比较了解"和"非常了解"的人数占比均不超过10%，可见大多数游客并不太了解儒家文化。表明虽然大部分欧美游客曾接触过儒家文化，但对其了解还很有限。因此对欧美游客开展儒家文化传播、使其更多地了解儒家文化非常必要，否则仅凭他们对儒家文化的表面了解，很难形成对儒家文化可靠的正面印象。

三、儒家经典认知

此项共设置了2个问题。

对"是否听说过儒家经典"这一问题，共268人做了选择。126人选择"是"，而142人选择了"否"，分别占47.0%和53.0%。有一半以上游客未听说过儒家经典，进一步印证了此前的判断：这些欧美游客对儒家文化的了解的确不多。正如有些中国人也听说过苏格拉底和柏拉图，但他们的理论思想是什么，恐怕就无从知晓了。

在"接触过哪些儒家经典"这一问题后面，共设有五个选项，分别是《大学》（*The Great Learning*）、《中庸》（*The Doctrine of Moderation*）、《论语》（*The Analects of Confucius*）、《孟子》（*The book of Mencius*）、《诗经》（*The Book of Songs*）。对此，可单选或多选。做出选择的共有141人，占52.6%，其中选择非儒家经典的游客有27人（占比19.1%），说明部分游客对何为儒家经典认识不够清楚，也表明游客对儒家文化的了解的确比较肤浅。选择《论语》的人数最多，有48人（见表6-2）。原因可能是，《论语》内容相对较少，且已被译为英、法、德、日、俄等多个语种，译本较多，知名度较高，被游客知悉的可能性要大一些。

表6-2 欧美游客对儒家经典的了解

儒家经典	数量	百分比
《论语》	48	34.0%
《大学》	30	21.3%
《中庸》	9	6.4%
《诗经》	8	5.7%
《孟子》	7	5.0%
其他儒家经典	12	8.5%

以上调查数据表明，在被调查的游客中，未听说或未接触过儒家经典的游

客几乎占到一半，而这些游客还曾经对儒家文化有过了解，可想而知其他欧美民众对儒家经典的了解更少。其他数据也不容乐观，据邱凌在美国校园和街头所做的随机调查发现，普通美国人"对于'四书'包含书目选择'均不知道'的为131人，占81.88%；对于'五经'选择'均不知道'的为135人，占84.38%"①。对此，有研究者指出，"多方面研究显示，以英美国家为代表的西方世界对儒家思想的了解并不像我们想象的那么多，受众面也十分有限。这说明，我们未来的翻译与传播任务还任重道远"②。实际状况也的确如此，儒家文化对外传播各个环节的实施仍存在较多困难，仅从儒家经典翻译来看，目前能胜任对外翻译的高级外语人才依然短缺，"从国家实施的'中国文化走出去'的战略目标来看，高层次的英语人才又是那样的奇缺，优秀的翻译人才到处抢手，而能把中国文学作品译成外文并在目的语国家发表者更是寥若晨星"③。而且由于培养时限，短期内也难以有效解决，严重制约着儒家文化对外传播的速度和效果。

四、儒家文化活动了解及参与

此项设置了两个问题。

关于"是否听说过儒家文化相关活动"的问题，共259位游客做了选择，其中，选择"是"的有107人，占41.3%，而选择"否"的有152人，占58.7%。

关于"是否参与过儒家文化相关活动"这一问题，共有219人参与了选择。选择"是"的仅有42人，占19.2%，说明在国外举办的儒家文化活动仍然较少，影响范围也很有限。因此，应多举办一些儒家文化活动，使国外民众能够参与或体验，以扩大儒家文化的国外影响力。

五、儒家文化发源地的认知

"圣地"曲阜，是儒家文化的正宗发源地，这是绝对不容置疑的。大多数欧美游客对此都十分了解，相关调查数据也表明了这一点。在关于"儒家文化

①邱凌：《儒家思想在西方国家的公众认知与传播现状》，载于《对外传播》2015年第6期，第10页。
②李玉良：《论全球化语境下儒家思想的对外传播——问题与策略》，载于《青海社会科学》2012年第5期，第130页。
③王宁：《再谈中国文化走出去：外语学科的作用》，载于《中国外语》2019年第2期，第10页。

的正宗发源地"的五个选项中，选择"中国大陆地区"的有211人，占总人数230人的91.7%。但也有极少数欧美游客对此不了解或存在误解，做出的选择比较随意，相信这是他们的知识欠缺造成的，而非故意。

以上数据表明，大多数欧美游客对包括孔子身份、儒家文化活动、儒家文化发源地在内的浅层儒家文化内容已有一定程度了解，但对较深内容如儒家经典的了解还不太充分。同时他们对儒家文化了解程度的自我评价也不高，根据数据判断，他们的态度是比较实事求是的。尽管如此，研究小组认为他们已具备传播儒家文化的初步能力。原因在于，儒家文化对外传播虽已成为国家战略，但客观条件的限制使得该项事业目前仍处于量的积累阶段，若有欧美游客能在回国后向他人简单介绍孔子的身份或儒家文化，即是儒家文化传播的良好开端，可为以后的深入了解奠定基础。另外，针对欧美游客在儒家文化知识方面的不足，国内景区可协同联手，对他们开展儒家文化研习或体验活动，尽量弥补其欠缺，提高他们的儒家文化传播能力。

第三节　欧美游客传播儒家文化的可行性

利用欧美游客传播儒家文化的"可行性"由以下几个方面构成：第一，根据欧美游客的看法，在西方国家传播儒家文化是否具备适当的条件（调查内容：儒家文化与世界和平的关系；儒家文化与西方文化的关系）；第二，欧美游客是否具有与他人分享传播儒家文化的意愿（调查内容：欧美游客分享儒家文化的意愿）；第三，欧美游客的分享方式和态度是否有助于儒家文化传播（调查内容：欧美游客与他人分享儒家文化的方式；欧美游客与他人分享儒家文化的态度）。

一、西方国家传播儒家文化的条件

（一）儒家文化与世界和平的关系

此处仅设置了一个问题，即"维护世界和平是否需要践行儒家文化"。对这一问题，有147人选择"是"，占总人数（246人）的59.8%。众所周知，儒家文化的核心思想是"仁"，"仁者爱人"，显然儒家文化是世界和平的维护者。

多数欧美游客选择"是"，表明他们对儒家文化的核心有所了解，知道儒家文化对世界和平有利。

社会稳定问题是人类共同面临的难题，对此，英国的汤因比教授，早在20世纪70年代初就指出："如果一味地听任盎格鲁—撒克逊文化沿着清教徒的思路，也就是希腊—基督教文化走下去，……其结果是世界的动荡、人类的毁灭。补救之法就是以东方的文化，以东方那种求得和谐、稳定的理念与西方文化相结合，创造出一种非东非西、亦东亦西的新文化，只有这样才能够拯救世界"①。人类对物质的欲望是无限的，而物质本身是有限的，这种物欲追求必然导致人与人之间的矛盾和冲突，于是西方学者开始提倡生态文明和克制物欲。而早在两千多年前的儒家文化中就提到"克己复礼""己所不欲，勿施于人"等仁爱理念，其睿智不言而喻，近年来东方文化特别是儒家文化受到较多的关注都与此有关。

（二）儒家文化与西方文化的关系

此处设置了两个问题。

关于"西方基督教是否有利于儒家文化传播"这一问题，有"是""否"和"无影响"三个选项。在做出选择的242人中，选择"是"和"无影响"的人数占75%，表明多数欧美游客认为基督教不会阻碍儒家文化在西方国家的传播。基督教传教士翻译儒家经典并传回其国，开启了儒家文化在西方的传播，这一行为本身就暗示基督教与儒家文化之间没有根本性冲突，"西欧传教士、思想家和学者以西方文明的视角审视儒学，诠释儒学。他们认为'耶稣'与'儒家'相通，孔子与柏拉图、苏格拉底一样"②。

令人意外的是，对上面这一问题，有1名游客同时选择了"是"和"否"，似乎自相矛盾。不过考虑到世界上许多问题的答案并不是非此即彼，也是可以理解的，或许这位游客以此表达如下观点：基督教在某些方面有利于儒家文化传播，而在另一些方面则可能不利。

关于"西方家庭教育是否有利于儒家文化传播"这一问题，做出选择的共

①许嘉璐：《弘扬儒学精华 发展先进文化——在"儒家思想在世界的传播与发展"国际学术研讨会上的讲话》，载于《探索与争鸣》2005年第1期，第3页。

②李靖：《论儒学经典的对外文化传播——以〈论语〉为例》，上海外国语大学2012年硕士学位论文，第8页。

儒家文化对外传播路径研究——基于欧美游客认知视角

124

有237人，其中选择"是"和"无影响"的人数也占到了75%，证明在大多数人看来，西方式家庭教育与儒家文化并不冲突。

二、欧美游客儒家文化分享情况

（一）儒家文化分享意愿

对此，问卷中仅设计了一个问题："您是否愿意与他人分享您的儒家文化知识"。在251个做出选择的游客中，173人选择"是"，占68.9%，78人选择"否"，占31.1%，说明多数人具有与他人分享儒家文化的愿望。

（二）儒家文化分享方式

此处设计的问题是"您将以何种方式与他人交流儒家文化"。设置的选项分别是："交谈""论坛""演讲""出版介绍类著作""其他"。选项可单选或多选，统计后发现共有201人做了选择。其中，选择"交谈"方式的有147人，占73.1%，所占比例较高，毕竟大多数人缺乏举办论坛、演讲或出版著作的机会。不过，"交谈"方式虽受众有限，其优点也是很明显的：开展更灵活，受时间和地点的限制也较小，还能即时答疑解惑，容易让听众理解和接受，效果更好（见表6-3，表中剔除了无效选项）。

表6-3　分享儒家文化的方式

分享方式	人数	百分比
交谈	147	73.1%
演讲	6	3.0%
交谈/论坛	6	3.0%
论坛	4	2.0%
出版著作	3	1.5%
交谈/演讲	1	0.5%
其他方式	24	11.9%

根据以上的调查数据可知，"愿意与他人分享儒家文化知识"的只有173人，却有201人对"与他人分享儒家文化的方式"做出了选择，存在矛盾。原因可能在于，"愿意分享"意味着主动去做，而"分享方式"却可能包含主动和被动的方式，看似矛盾的数据，恰恰反映了游客的真实想法。

（三）儒家文化分享态度

此处所设置问题为"与他人分享儒家文化时，您对儒家文化所持的态度"。有四个选项供选择："赞同""批判""不偏不倚""反对"。有187名游客做了选择，其中选择"赞同"和"不偏不倚"的人数占总数比例高达86.1%。这两种态度无疑是积极和客观的，在欧美游客传播儒家文化时，能对听众产生正面或客观的影响（见表6-4）。

表6-4　分享儒家文化时所持的态度

态度	人数	百分比
赞同	94	50.3%
不偏不倚	67	35.8%
批判	17	9.1%
反对	9	4.8%

根据以上调查数据可知，在多数欧美游客看来，儒家文化传播对世界和平有利，并且基督教和西方式家庭教育也不会对儒家文化西方传播形成障碍，因此，可以认为欧美国家具备传播儒家文化的条件。客观地说，儒家文化已在欧美国家传播多年，传播条件应该早已具备，此处调查的目的主要是了解欧美游客的看法。思想决定行动，作为潜在的儒家文化传播者，欧美游客的看法无疑是至关重要的，这决定了他们是否会与他人分享自己的儒家文化知识。事实上，大部分欧美游客愿意分享自己掌握的儒家文化，且分享方式方便、态度积极客观。因此，可以断定，借助欧美游客在西方国家传播儒家文化具有可行性。

三、借助欧美游客传播儒家文化具有可行性

根据以上数据可知，所调查游客覆盖除幼儿外的各个年龄层次、国籍涵盖欧美主要国家、学历层次也较高，这表明借助欧美游客在西方国家传播儒家文化具有可行性。但是，可行性不等于实际行动，只有当人们真正体会到事物的优点、有所触动，才会乐意与他人分享。为此，国内各旅游景区包括曲阜"三孔"景区等，都应该进一步加强儒家文化的传播，增强儒家文化的感染力，使欧美游客在中国旅行过程中真正体会到儒家文化的内涵魅力与和谐氛围，提高其与他人分享儒家文化的意愿。为此，国内景区应注意做好以下几个方面的工

作：第一，丰富儒家文化的展示和体验方式。在原有儒家文化设施基础上，增设更多儒家文化体验设备，多方位、创造性地展示儒家文化。着重增设一些投入少、简单易行的儒家文化体验设施，让欧美游客在游览学习之余体会"学而时习之，不亦说乎"的含义，以激发他们对儒家文化的兴趣和传播意愿。已有研究证明，"在修学游过程中加入了体验和互动活动，传播效果得到了明显提升"[1]。第二，重视外语导游的作用。语言是交流的最大障碍，向欧美游客传播儒家文化，外语导游的作用至关重要。在本次调查中，有不少游客了解儒家文化的渠道即是导游。为提高导游的儒家文化传播能力，应对现有外语导游适当开展儒家文化培训，并对导游词加以改编，使之充分体现儒家文化理念，努力把外语导游打造成儒家文化的代言人。第三，提高景区服务人员的儒家文化素养。除导游外，景区服务人员也与游客有较多交流，有必要对他们开展儒家文化培训。具有良好儒家文化素养的景区服务人员，能令欧美游客感受到儒家文化的美好。第四，要特别重视网络在儒家文化方面的传播作用，采用文字、电影、电视剧、动画、漫画、访谈、讲座、专辑、讨论等多种方式在网络推广儒家文化，供欧美游客回国后了解儒家文化。第五，政府部门应加大对国内景区的儒家文化推广投入，但不能仅以获取经济回报为目的，避免因经济因素而削弱欧美游客对儒家文化所产生的良好感受。

总之，欧美游客掌握的儒家文化知识越多，其传播能力越强，传播效果越好；分享意愿越强，越有可能将之转化为传播行动。因此，国内景区和人员应主动服务、提供便利，提高欧美游客的儒家文化传播能力，激发其儒家文化传播意愿，形成一条具有可行性的儒家文化对外传播新路径。

---

[1] 臧丽娜、任谦：《论"齐鲁文化修学游"品牌的跨文化传播路径构建》，载于《山东社会科学》2017年第8期，第127页。

第七章 儒家文化对外传播关键问题研究

第一节 儒家文化对外传播体系研究

一、研究背景及价值

(一) 背景

儒家文化对外传播缺乏系统性研究。目前，儒家文化对外传播研究已取得不少成果，遗憾的是，其一直未被当作一个系统进行研究，不仅造成研究缺漏，而且重复研究现象严重。大家对热点问题往往一拥而上，对重点和难点问题则避而不谈，造成研究者和研究部分之间因缺乏沟通，无法形成合力，不能发挥整体效应，因此，儒家文化对外传播体系构建研究已成当务之急。

(二) 研究价值

1. 学术价值

（1）开创儒家文化对外传播体系研究先河。把儒家文化对外传播作为系统进行整体研究，避免了孤立研究的片面和僵化，也更容易把握其本质与客观规律，具有开创性意义。

（2）为后续研究提供空间、领域和方向。该体系将为了解儒家文化对外传播状况提供宏观视角，为后续研究提供更多可供选择的空间、领域和方向，避免热门问题研究扎堆、繁难问题无人问津、关键问题无人关注的现象，使研究有序并形成合力。

2. 应用价值

（1）为儒家文化对外传播政策制定提供决策依据。以整体视角研究儒家文化对外传播，研究数据更客观、结论更可靠，可为儒家文化对外传播政策的制定提供坚实依据。

（2）拓展儒家文化对外传播路径。过去的路径研究多是从孤立的视角出发开展研究，路径探索效果不佳。儒家文化对外传播系统研究可为传播路径研究提供系统支持，为解决目前传播路径较少、传播渠道单一的问题提供新思路。

二、研究的创新之处

把儒家文化对外传播视为一个体系进行研究，这本身就是一个创新。但创新不仅体现在这一方面，它还是一种学术思想、学术观点和研究方法的创新。从这一视角而言，儒家文化体系研究将为儒家文化对外传播提供巨大的推动力，产出令人惊讶的成果。

（一）学术思想的特色和创新

本研究认为儒家文化对外传播不仅是一种行为，更是一个有机体系。这种创新思想的提出使儒家文化对外传播能够得到整体观照，既可以避免孤立看待对外传播所导致的各种弊端，又能更容易地发现其本质和内在联系，便于其发挥整体优势，达到儒家文化对外传播的最佳效果。

（二）学术观点的特色和创新

在儒家文化对外传播体系中，传播路径是核心，没有它，传播体系其他一切都将失去意义，因而传播路径的开拓是实现儒家文化对外传播的重中之重。

（三）研究方法的特色和创新

开拓儒家文化对外传播路径，往往都从传播手段入手，但文化壁垒使得大部分传播手段难以奏效。本研究认为如用推理分析方法，寻求能够绕过文化壁垒的方法和技巧，并据此发现可行的传播路径，是一种研究方法的特色和创新。

三、研究内容

该体系的主要研究内容应包含如下几个方面。

（一）儒家文化对外传播体系设计和内部关系初步研究

研究儒家文化对外传播体系，首先要搞清楚该体系的主要构成成分或要素。笔者认为可以借鉴哈罗德·拉斯韦尔的"五W"新闻传播过程模式，然后结合儒家文化对外传播实际，设计一个包括传播目的、传播基础、传播内容（信息）、传播主体（传播者）、传播路径（媒介）、传播对象（受众）、传播方式和传播效果评价（效果）八个部分的儒家文化对外传播体系。

另外，既然是个体系，各部分之间必定存在或紧密或疏松的关系，因此初步探讨各组成部分之间的关系，也是该体系研究的重要组成部分。

因此，儒家文化对外传播体系具体包括要素研究和关系研究。前者主要是对该体系的构成要素（部分）分别开展研究；后者则是对该体系各构成要素之间以及整体与部分之间的关系开展研究，探索使该体系发挥最佳效能的方法。

（二）各组成部分的单独研究

1. 对外传播目的研究

以往每当谈到对外传播目的时，都认为是为了使中国文化走出去，但这并不是根本。根本目的是使中国的发展得到世界的认同，从而减少国家在发展壮大过程中的阻力。而要得到认同，文化须走在前列，从而使我们的想法能够得到理解和尊重。当然，加强与世界各国的文化交流也是目的之一，这是因为文化交流还可以扩展人们的思路，了解这个世界上存在多维的思维模式，达到文化的取长补短以满足各国人民的精神文化需要。可见，儒家文化对外传播目的具有多重性，而以往研究并不全面、透彻，加上传播目的对传播体系的其他组成部分有直接影响，因此有必要进一步深入研究。

2. 对外传播基础研究

对外传播基础指的是国内民众对儒家文化的掌握情况。儒家文化对外传播绝不是国内某个人或某部分人的任务，而是每个人都应当承担的义务。这种义务不仅指每个人应对儒家文化知识的掌握，还包括每个人以儒家思想规范自己的言行的自律精神。《论语》中说，"己所不欲，勿施于人"，如国内民众都不愿遵从儒家思想，怎能令国外民众理解并信服呢？那么中国国内民众目前对儒家文化的掌握和遵从情况是怎样的呢？对此，需要做一个较为全面的调查，才能做出可靠的判断，从而确定儒家文化的对外传播基础如何。所得调查数据，还可为传播主体、传播内容的确定提供参考。

3. 对外传播内容研究

提到儒家文化，似乎国内每个人都能够讲出点东西，但真正开展儒家文化对外传播，却不是简单地把自己所知道的内容分享给国外民众那样简单。首先，儒家文化博大精深，既有孔孟"仁义"之学，又有程朱理学、阳明心学等，这么繁杂众多的内容，显然不可能都传播出去。即便是国内民众，能够把这些内容大体掌握的人也寥寥无几，更不用说对外传播。在古代实行科举取士的年代，许多读书人皓首穷经也难以把握孔孟之学的精髓，因此对外传播内容必须经过仔细挑选，选择最能体现儒家思想文化的、难度适中的、便于传播的内容。而且还应确定相关书籍资料，便于学习和理解，否则传播者迷惘，传播就更无从谈起。另外，儒家文化中含有一些与当时的时代相吻合，但有违现代文明思想的内容，如"唯女子与小人为难养也"这样的话语表达等。作为在中国文化中成长起来的国内民众而言，对这些内容的封建社会起源心知肚明，也能够把它们与其他儒家文化精华区别开来。但对那些不太了解或根本不了解中国社会发展和文化传承的国外民众来说，这些内容都是对妇女不尊重的体现，也不符合现代社会思想理念，当然他们也不会明白中国人为什么会把主张这种思想的人尊奉为"先师"。因此这样的内容是不宜加以传播的，以避免产生误会。

4. 对外传播路径研究

传播路径是传播体系的核心，离开了传播路径，一切都是空谈。目前儒家文化传播路径主要是"孔子学院"，另外还有电影、电视、文化交流项目等。在这些路径中，"孔子学院"几乎"一枝独秀"，担负了大部分的传播功能。这一方面表明"孔子学院"在儒家文化传播中发挥的巨大作用，同时也反映了传播路径欠缺这一事实。

对传播路径不足问题，笔者认为应借鉴"孔子学院"的传播经验，通过理论探讨和实验研究方式探索更多可行的传播路径，同时考察其相应的传播主体和传播对象。因为这一问题牵扯内容较多，笔者将在本章之中另辟一节专门讲述。

5. 传播主体

理论上说，所有华人都是儒家文化传播主体。但由于知识水平不同，特别是外语水平不同、与国外民众接触的机会不同及传播路径不同，传播主体只能由特定人群担任。比如孔子学院这个传播路径，传播主体就应该是孔子学院的中国教师；如果是在文化交流活动中，传播主体就应该是参加文化交流的中国人；如果传播路径是自媒体，则传播主体就是自媒体主持人。

因为传播路径处于不断开拓的过程中，所以传播主体也在不断扩大。国家鼓励具有儒家文化传播能力的且能够接触国外民众的所有中国人从事儒家文化传播，具备以上条件的中国人都是传播主体，都具有传播义务。

对传播主体的研究主要在于三个方面：确定不同传播路径的传播主体；不同传播主体是否具备应有的传播能力；传播主体是否具有传播意愿。确定传播主体后，还要根据情况对传播主体开展传播能力和意愿培训，使之更好地胜任儒家文化对外传播任务。

6. 传播对象研究

因欧美发达国家和"一带一路"国家的特殊政治、经济地位，儒家文化对外传播的首要对象是欧美和"一带一路"国家的民众。为使之顺畅了解或接受儒家文化，我们应该从总体上研究这些国家民众的思维方式，以他们能够接受的形式传播儒家文化。比如中国人喜欢以背诵方式掌握知识，而其他国家民众，特别是西方人，则更喜欢以探讨形式获得知识，因此在儒家文化传播中不要采用灌输方式，而是尽量给予对方思考和提问的空间，从而在探讨中达到分享儒家文化的目的。

另外，不同传播路径的传播对象也是不同的，有的知识水平高一些，有的可能低一些，有的以男性居多，有的以女性居多，对此要采取"因材施教"的方法，即针对不同的情况采取不同的传播形式和技巧。比如针对知识水平高的传播对象，可以讲述稍微抽象一点的内容，对知识水平低的传播对象可更多地从实践方面进行探讨，使传播内容更容易被接受。

7. 对外传播方式研究

儒家文化对外传播方式较多，有个人交流、讲座、论坛、网络传播、著作出版、导游讲解、儒家文化产品推介等。需要研究的主要是不同方式分别适合何种情况、如何根据具体情况对应地采取不同的传播方式。首先，不同的传播主体可能适合不同的传播方式，比如儒家文化专家，其学术专长就是儒家文化研究，因此传播机会比较宝贵，应尽可能地让更多传播对象分享，可以组织相关讲座或著作出版等。其次，根据传播对象的情况确定传播方式。如传播对象在国外，而传播主体在国内，可以采取网络传播方式，如通过Facebook（现改名为Meta）、微信等社交软件介绍儒家文化。最后，还须根据交流场合设计不同的交流技巧，以提高传播效果。

8. 对外传播效果研究

应该集中于传播效果研究的意义，以及传播效果的评价方法、标准和注意事项。另外还要设计一套效果调查问卷样本（英汉对照）、一套访谈样本（英汉对照），作为相关研究的参考。

传播效果研究主要是为了引导更多学者从事这方面的工作，并对现在的传播路径提供反馈意见。

传播效果如何评价，需要有一套评价方法、标准和注意事项，否则各自为政，一种传播路径得出不同的效果评价，就失去了参考价值。为保证评价方法和标准的可靠性，有必要组织相关学者，特别是有经验的传播者参与进来，合作制定。

设计效果调查问卷样本同样很重要，一方面，有样本参考可以节约调查者的设计时间；另一方面，可以使新的效果调查设计更合理。

（三）对外传播体系研究

主要是从整体视角深入探讨儒家文化对外传播体系中整体与部分、部分与部分的内部联系，研究如何发挥体系优势，以使儒家文化对外传播达到最佳效果。另外，对该体系中的重点研究领域和薄弱部分提出研究建议，供其他学者参考。

如传播目的在一定程度上决定了传播内容，我们的儒家文化传播目的不是在欧美和"一带一路"国家培养儒家文化专家，所以传播内容不需要很深奥，能够让这些国家的民众知道"仁"的含义，知道中国人讲"仁义"，是友好的，可以互相信任和交流即可。另外，传播内容也可以决定传播主体。如果传播内容不深奥，则能够胜任传播主体任务的人群范围很广。相反，如果传播内容繁杂，能够胜任的传播主体将大大减少。

研究传播体系可以充分发挥体系各组成部分的力量，使各部分互相衔接，发挥体系的优势。另外，体系研究可指导各方面的研究者共同合作，避免热门研究扎堆和冷门无人理睬的现象，形成研究合力。

四、研究重点和难点

儒家文化体系研究，需要关注重点和难点，并且对难点还要设法找到解决办法。

（一）研究重点

1. 构建儒家文化对外传播体系

构建儒家文化对外传播体系，无形中会对儒家文化对外传播和研究形成规范，改变以前的无序状态，利于发挥系统优势和整体效应，推动儒家文化对外传播快速发展，因此是研究重点之一。

2. 开拓多元化传播路径

传播路径较少、传播渠道单一，是目前儒家文化对外传播面临的难题。因此，以创新思维开拓多元化传播路径是需要研究的另一个重点。

（二）研究难点

1. 对外传播内容的确定

儒家文化内容广泛，著述繁多，国人对其尚且望而生畏，遑论国外民众，显然确定适当的对外传播内容是一个难点。

2. 传播路径的拓展

现代媒体技术越来越发达，但中西文化壁垒的顽固存在，仍阻碍着文化沟通和交流，导致儒家文化对外传播路径拓展困难重重。

（三）　难点的解决办法

针对以上两个难点，本研究采取以下对策。

1. 将儒学专家建议和传播目的相结合，确定传播内容的大致范围

专家建议和传播目的结合是为了从卷帙浩繁的儒学著述中选择精华作为传播内容，为便于对外传播，所选内容最好能有英译本。在具体传播过程中，传播主体可再根据传播对象的接受能力和传播方式灵活确定传播内容，做到因人而异，因时而变。

2. 寻求破解文化壁垒的方法，再据此开拓传播路径

文化壁垒阻碍西方民众接触儒家文化，使现代传媒无法发挥优势。正如病人不肯服药，即便是灵丹妙药也无济于事。为此，应从两个方面考虑破解文化壁垒的方法，并借此探索开拓传播路径的方法：一是以适应欧美和"一带一路"国家民众习惯的方式传播儒家文化；二是在与这些国家民众交流时，用语言转换技巧把谈论主题引到儒家文化上，以达到传播目的。

五、主要研究目标

（一）　学术目标

1. 构建儒家文化对外传播体系

经过多年的发展，儒家文化对外传播已取得巨大成绩，但也遇到了瓶颈，即如何在现有基础上，实现快速传播，是急需解决的问题。解决办法很多，其中之一是整合资源，构建传播体系，发挥系统优势，在短时间内提高儒家文化对外传播效果。

2. 研究该体系达到最佳运行效果的方法

儒家文化对外传播体系就像一台机器，各部分之间只有完美配合，才能发挥最大效用。为此，须专门研究使该体系达到最佳运行效果的方法，挖掘各部分的潜力，以实现最大效益。同时，优化各部分的协同方式，避免人力物力的浪费，实现最大投入和产出效率。

（二）应用目标

1. 为儒家文化对外传播政策制定提供依据

儒家文化对外传播已有战略性目标，但在具体传播政策和策略方面，还有待于进一步完善。战略只是大致方向，没有具体政策和策略指引，许多想法就难以转化为行动，即使有行动，也缺乏动力，效果不佳。因此，儒家文化对外传播系统研究可为制定相关政策提供依据，使政策和策略更接地气，更具可操作性。

2. 开拓更多传播路径，使儒家文化对外传播路径更加多元化

在儒家文化对外传播体系构建过程中，通过了解各组成部分之间的运作机制，可以为开拓更多传播路径提供思路，以实现传播路径的多元化，扩大传播范围，使儒家文化更快更好地传播出去，提升中国文化软实力。

3. 从整体和关联视角为儒家文化传播实践提供建议和参考

儒家文化对外传播是个完整的体系，各部分之间存在内在的各种有机联系，如能准确弄清各种联系，则可为发挥各部分的功能提供保证，并可节省许多人力物力。因此本研究能够从整体和关联视角对儒家文化对外传播提供可行的建议，使这一体系充分发挥其潜能，推动儒家文化传播不断取得巨大进展。

第二节　儒家文化对外传播路径创新研究

一、研究背景

（一）国外儒家文化传播研究现状

受研究主题局限，国外相关研究较少、范围较窄，因此大体可归为以下三类。

1. 孔子学院的影响研究。

此类研究因态度不同而分为两种情况，一种以 Hartig（2016）等为代表，他们以客观中肯的态度评价孔子学院在汉语教学、儒家文化传播方面的作用及对各国的影响，值得肯定。而另一种则以 McCord（2019）等为代表，他们对孔子学院的文化传播充满疑虑或敌视。而疑虑和敌视恰恰是因为对儒家文化缺乏充分了解而导致，从反面证明了加强儒家文化对外传播的必要性和紧迫性。

2. 对耶稣会士的儒家经典翻译或报告的研究

Canaris（2019）和 Rishmawy（2015）都在此类研究中提到儒家文化和基督教教义具有相通之处，易为耶稣会士所接受。

3. 儒家文化主题戏剧、电影、舞蹈等的传播研究

Jones（2017）、Coonan（2009）分别就舞剧和电影《孔子》在增进西方观众对中国文化的理解方面给予了较高评价。在以上三类研究中，第一类占绝大多数，表明国外学者主要关注孔子学院的儒家文化传播对所在国的影响。

（二）国内儒家文化对外传播研究现状

改革开放前，儒家文化对外传播研究极少，可忽略不计。改革开放后，提升文化软实力及伴随"文化走出去"成为国家战略，儒家文化对外传播及研究蓬勃开展，特别是进入21世纪及实施"一带一路"倡议后，新的研究成果大量涌现。鉴于相关研究的时期区分不明显，研究成果按内容划分，大致归为六类[①]。

1. 儒家文化对外传播状况研究

这主要是对儒家文化对外传播的目的、原则、现状、经验、问题、对策及传播策略等进行总结，目前这类研究已较充分。

2. 儒家文化在不同国家的传播状况研究

针对中国周边及欧美国家的研究较多，但针对儒家文化在大部分"一带一路"沿线国家的研究仍极为缺乏，显示出传播研究的地域性差异。

3. 孔子学院、传统媒体和新媒体的传播作用研究

探讨孔子学院在儒家文化对外传播方面作用的研究较多，而针对新媒体传播的研究相对较少，且欠缺最新成果，与新媒体的发展极不匹配，因此有必要

---

① 这六类内容在第二章已有详细叙述，在此仅做简要列举。

加强对新媒体传播路径的开拓。

4. 儒家经典翻译研究

大部分研究仍以理论探讨为主，且缺乏受众反馈，无法全面体现译本质量。

5. 儒家文化对外传播效果研究

这类研究既有理论探讨，也有调查研究，但大多以孔子学院为研究对象，在凸显其重要性的同时，也暴露出其他传播路径的短缺事实。

6. 儒家文化对外传播路径研究

总体而言，目前研究数量不足，研究质量也有待提高：理论分析偏多，而可行性研究较少，相关建议路径的实践转化能力不强。

（三） 国内外儒家文化传播研究趋势

1. 国外研究状况将持续

国外研究主要关注儒家文化传播对输入国的影响且不乏担忧和误解，这种状况预计短期内难以改变，不过也从反面证明加强儒家文化对外传播的必要性。

2. 地区研究不平衡

儒家文化在中国周边国家的传播研究较多，但针对"一带一路"沿线大部分国家的研究却极为欠缺，影响国家战略实施，因此加强儒家文化在这些地域的传播研究将是未来趋势。

3. 传播效果研究过于集中

效果研究过度集中于"孔子学院"，除便于开展调查外，传播路径单一、可选研究对象有限也是重要原因，从侧面暴露出开拓多元传播路径的紧迫性。

4. 对外传播路径研究急需加强

近年来，针对"孔子学院"、儒家经典翻译、传统媒体和新媒体等已有传播路径的研究有所增多，但专门的路径研究仍旧偏少，且理论探讨多于实践研究、建议不少却缺乏实现手段，研究成果向现实路径转化困难。因此，路径研究应以务实为本，多开展可行性研究，以创新思维探索具有实践转化潜力的有效路径。

二、研究内容

（一）路径探索理据研究

"文化壁垒"是"基于文化差异主动反对外来文化在本土传播的措施"（王浩宁，2019）。该定义表明，"文化壁垒"是跨文化传播的主要障碍。因此，探索破解"文化壁垒"的方法，可为儒家文化对外传播路径探索提供依据。

以下路径设想皆源自该理据。

（二）"旅游路径"设想及研究

国外游客来华，大多对中国文化存有好感，是传播儒家文化的可行路径之一。要充分发挥该路径的作用，需要做好几个方面的工作。

1. 研究提高外语导游儒家文化传播能力和意愿的方法

在对欧美游客的调查中可知，导游在儒家文化传播过程中起着比较关键的作用，许多从未接触儒家文化的游客就是从导游处获得了部分儒家文化知识。因此，提高导游的儒家文化传播能力和意愿，可以使更多的国外游客有可能了解儒家文化。该做法比到国外传播儒家文化省时、省力，而且投入少、见效快，值得对此进行研究。

2. 以付出最少资金和精力为前提，研究在景区现有电子导游词、文化景点标识、文化产品中添加儒家文化内容的方法

国内景区的导游词和各类标识也可作为传播儒家文化的载体，为此应该对现存的导游词和各类标识进行改造，以适应对外儒家文化传播的需要。国内景区众多，导游词和各种标识数量巨大，需要开展具体研究，探索在现有条件下如何以最小的投入和精力对它们进行改造，以实现儒家文化对外传播目的。

（三）"新媒体路径"设想及研究

"所有人对所有人的传播"以及针对不同需求的个性化传播能力，使新媒体传播较易突破文化障碍。

在儒家文化对外传播方面，新媒体一直未能发挥潜在优势。主要原因在于利用新媒体传播儒家文化存在诸多困难。

1.传播内容创新困难

新媒体技术已经比较成熟，但把儒家文化内容以新媒体渠道传播仍比较困难。新媒体的移动性决定了观看新媒体节目的时间较为短暂，而且必须具有足够的吸引力，否则很难吸引观众的兴趣。而把传统文化改造成幽默诙谐的内容的确存在难度，更何况还要以外语形式呈现，难度更大。

2.传播平台探寻和创建

目前已有许多成熟的社交软件如Facebook（现名：Meta）、微信、QQ等，但各国对传播平台的使用都有一些限制性规定，需要寻找能够跨越国界并吸引国外观众的平台，这无疑是一项艰难的任务。

3.志愿传播人员招募和培养

开展新媒体传播研究，必然需要招募传播人员，因为投入资金数量限制，有可能不得不招募传播志愿者。志愿者要具有较高的新媒体使用能力和个人魅力，能够吸引观众，招募这样的志愿者显然不容易。另外，志愿者的儒家文化传播能力不一定完全符合传播需要，因此还要对其开展培训，这都存在不少困难。不过，从理论上讲，新媒体路径的确为儒家文化对外传播提供了新思路。

（四）"游学路径"设想及研究

来华旅游的外国游客一般对儒家文化有好感。该路径拟借鉴"孔子学院"的做法，在国内设立多处游学机构，向国外游客免费提供短期儒家文化学习、体验机会。

现在国内已经存在许多游学机构，但其目的主要是为国内游客服务，而且多是为了获取经济利益。为国外游客服务的游学机构显然与此差异较大，因为其主要目的不是获取经济利益，而是传播儒家文化，为了达到这一目的，很可能实行免费。另外，因牵扯到国外游客，需要在设置政策、运行方式、规模数量、资金来源、师资力量等开展研究，以及征求旅游部门的相关配合。

（五）更多路径设想及研究

在研究过程中，可能会触发更多思考，产生更多路径设想，本研究将依照前述路径的研究思路开展，努力拓展儒家文化对外传播渠道。

第三节　国外游客语言服务及其对儒家文化对外传播的影响

一、研究目的

　　旅游是为了放松身心、获得不同的人文和地域体验，从而达到增长知识和人生体验的目的。明代的徐霞客就曾游遍三山五岳、大江南北，写下了著名的《徐霞客游记》。现代人物质条件越来越好，交通也越来越便利，旅游也越来越受到青睐，来华旅游的人数也逐年上升。文化和旅游部发布的2019年我国旅游市场基本情况显示，"2019年我国入境旅游人数1.45亿人次，比上年同期增长2.9%。其中：外国人3188万人次，增长4.4%"，"入境过夜旅游人数6573万人次，比上年同期增长4.5%。其中：外国人2493万人次，增长5.5%"[①]。这表明我国旅游资源丰富，能吸引众多的国外游客。在前面章节，已经探讨过欧美游客对儒家文化传播的重要作用，显然，为入境游客做好服务，是展示中国儒家好客精神的机会，也是对他们开展儒家文化传播和借助他们开展儒家文化传播的良机。因此，做好入境游客的旅游接待和服务工作、提高服务质量十分必要。对此，许多学者已开展了较多研究，具体有如下几类。①针对单个景点或单项旅游的入境旅游服务质量研究，如马秋芳[②]和郭晋杰[③]等；②针对入境旅游服务的质量静态调查研究，如高军[④]和王素洁[⑤]等；③针对入境旅游服务质量变化趋势的调查研究，如何琼峰[⑥]等；④对入境旅游服务质量的测评手段

[①]参见 http://travel.china.com.cn/txt/2020-03/11/content_75799272.html。

[②]马秋芳、杨新军、康俊香：《传统旅游城市入境游客满意度评价及其期望-感知特征差异分析——以西安欧美游客为例》，载于《旅游学刊》2006年第2期，第30-35页。

[③]郭晋杰：《湛江国际旅游资源开发和旅游服务质量的研究》，载于《旅游学刊》2001年第1期，第54-57页。

[④]高军、马耀峰、吴必虎：《外国游客感知视角的我国入境旅游不足之处——基于扎根理论研究范式的分析》，载于《旅游科学》2010年第5期，第49-55页。

[⑤]王素洁、胡瑞娟、李想：《美国休闲游客对中国作为国际旅游目的地的评价:基于IPA方法》，载于《旅游学刊》2010年第5期，第44-50页。

[⑥]何琼峰、李仲广：《基于入境游客感知的中国旅游服务质量演进特征和影响机制》，载于《人文地理》2014年第1期，第154-160页。

和模式研究，如李刚[①]和张启贤[②]等人的研究；⑤针对入境旅游服务贸易方面的研究，如王莹[③]等；⑥研究文化差异对入境旅游服务的影响，如王瑞林[④]。

以上研究既有横向比较也有纵向缕析，既有静态分析，也有动态调查。我国入境游客服务状况较为全面的探讨和分析，对提升我国的儒家游客服务质量，具有重要参考价值。然而，这些研究重视旅游服务，却忽略了游客都是国外游客这个事实，因而忽略了语言服务质量这一方面，殊不知，语言服务是入境旅游服务的最重要的环节，缺乏这一部分，其他服务都难以开展。目前，这一方面尚缺乏研究。为此，我们以曲阜三孔景区为例，对欧美入境游客开展语言服务质量调查。因欧美游客多使用英语，调查将以英语语言入手。

二、基于游客感知的旅游英语服务质量调查
——以曲阜"三孔"景区为例

曲阜市是儒家文化创始人孔子的诞生地，该地的"三孔"景区属于国家5A景区，包括孔庙、孔林、孔府三部分。1994年12月，该景区被联合国教科文组织列入"世界文化遗产"，吸引了来自世界各地的游客。本节以该景区为例，以问卷调查方式探寻国外游客对语言服务的看法。

（一）调查设计

为调查景区在接待欧美游客方面的语言服务质量和存在问题，专门设计了调查问卷。问卷共分为五部分：导游英语服务水平调查、宾馆饭店英语服务水平调查、景区标识的英文表述贴切程度调查、景区英文标识数量调查和景区涉外旅游文化氛围调查。每一部分包括若干问题，全部是选择题。为了解欧美游客建议，在调查末尾还专门设计了建议留言处，游客可根据情况填写。

语言服务调查不仅包括人际交流语言服务，还包括各种标识、标牌语言服务。这些方面对欧美游客的旅游感受都会产生直接影响。另外，作为儒家文化景区，还要专门考察语言服务是否起到儒家文化传播作用。

①李刚：《入境旅游服务质量提升的模型再构——基于服务科学的研究》，载于《华东经济管理》2014年第3期，第102-108页。
②张启贤、亢岫、刘新平：《入境游客特征与我国旅游服务质量评价体系的典型相关分析》，载于《西南民族大学学报(自然科学版)》2008年第2期，第365-370页。
③王莹：《贵州省入境旅游服务贸易发展现状和对策分析》，首都经济贸易大学2017年硕士学位论文。
④王瑞林：《试论旅游服务质量与中外文化背景之关系》，载于《旅游学刊》1992年第1期，第38-40页。

2017年11月—2018年3月，调查者在曲阜"三孔"景区附近对国外游客进行了随机、不记名问卷调查。本次调查共发放调查问卷300份，回收有效问卷266份。

（二）调查结果与分析

调查于2017年末开展，因为各种原因断断续续持续到2018年上半年，现场发放无记名调查问卷，共获得266份有效答卷。

1. 导游英语语言服务水平调查①

（1）关于导游的英语语言服务熟练程度，有37%的游客选择"熟练"和"非常熟练"，其实并不能说明什么，因为这是他们的工作。关键是有24%的游客选择"不熟练"（13%）和"很不熟练"（11%），表明相当大数量的游客对导游的语言服务不满意。甚至有3名游客在建议栏中写道："我认为他们必须多练习说英语。"；"有必要雇用更多讲英语的旅游专业导游，因为语言障碍导致一些重要的方面我们理解不了。"；"如果有会说英语的人，请您派一些来做英语导游好吗?"。

以上数据和建议应该是比较真实和中肯的。我们不否认有高素质的导游，但目前大多数导游的语言服务水平不高也的确是事实。因为导游收入不够稳定、出差较多等因素影响，英语或其他语种专业的大学毕业生基本不愿从事导游工作。从事导游工作的往往是高职高专毕业生，或者学历更低的人员经过一些培训后上岗，甚至非外语导游从事入境游客接待工作，导致语言服务质量不高。因此，导游语言服务质量应该提升是个显而易见的问题。

（2）关于曲阜景区英语导游的服务态度，选择"好"和"极好"的游客达到了53%，说明超过一半游客对英语导游的服务态度还是比较满意的。选择"糟糕"和"很糟糕"也占到19%，虽然数量不是很大，但对于儒家文化传播是不利的，无法体现儒家文化中"有朋自远方来，不亦乐乎"的好客精神。不过服务态度不好主要是游客服务意识不够，与学历和技能关系不大，比较容易改变和提升。

（3）对导游的英语服务满意度问题，有50%的游客选择"非常满意"和

①导游不一定都来自曲阜本地，有些属于外地带团导游，国外游客也无法分清导游具体来自何地。本调查数据和结论不代表曲阜景区导游的英语语言服务水平。

"满意"，正好占到总数的一半，说明总体上游客的满意度较高。但也有21%的游客表示"不满意"和"很不满意"，比例也不低，这是游客对导游服务质量和服务态度不满意的体现。

（4）关于有多少英语导游介绍孔子思想，选择"很少"和"没有"的游客比例竟然达到39%，令人惊讶。曲阜景区是介绍孔子或儒家文化的好机会，而很多导游没有利用这样的机会，这是我们的重大损失。对于传播儒家文化省时省力的机会，没有加以利用，以后花费巨资到国外传播，不但经济受损，也影响到儒家文化对外传播进程。

以上存在的问题，可以对照逐步加以解决，但最重要的是对导游开展培训，提高其语言服务质量和态度，并提高其传播儒家文化的意识，抓住儒家文化对外传播的关键时机，达到事半功倍的传播效果。

2. 宾馆饭店英语服务水平调查

对曲阜市宾馆接待员的英语服务问题，有21%的游客选择"不满意"（13%）和"很不满意"（8%），而对曲阜市饭店招待员的英语服务，表示"不满意"（21%）和"很不满意"（8%）的比例高达29%，这些数据表明宾馆接待人员英语服务水平尚待提高。

出现上述数据是比较正常的，因为在市场经济条件下，国外游客有选择宾馆饭店的权利，而宾馆和餐饮行业根据利益需要，肯定要以服务国内游客为主，导致员工的英语服务水平不高。为解决这一问题，可由导游引导国外游客到较为高级的星级宾馆和饭店就餐。此外，只能由市场解决，国外游客常去的宾馆饭店为提高利润，自然会想办法解决语言交流问题。

3. 景区标识的英文表述贴切程度调查

恰当的景区标识不仅能便利国外游客，还是传播儒家文化的另一个有效手段，因此也是本调查的一部分。

（1）关于曲阜景区景点标识的英文表述是否恰当这一问题，多数游客对此表示了肯定，选择"一般""恰当""非常恰当"的游客比例之和为89%。但仍需根据景点翻译的要求进一步提高专业翻译水平，毕竟"景点的翻译要突出其实用功能，要紧跟旅游业的发展，体现新技术新科技的运用，同时要体现为游客服务的特色"①。

（2）关于曲阜景区各种便利设施标识的英文表述，大部分游客认为比较恰当，仅有8%的游客选择了"不恰当"，无人选择"很不恰当"。对于这一比较令人满意的结果，经过分析认为，原因在于：一方面大多数便利设施具有国际通用的标识符号，易被游客辨识；另一方面说明政府和旅游管理部门在这方面工作到位。

（3）关于曲阜市交通标识的英文表述，有58%的游客选择"恰当"和"非常恰当"，接近60%，说明国外游客对此较为满意。

（4）关于曲阜景区各个景点英文介绍问题，认为"不恰当"的游客达16%，说明部分游客对此不太满意。

以上数据表明，有的方面游客比较满意，有的方面则不太满意，问题主要在于管理。如果能够提高对标识重要性的认识，加以改变，问题就会迎刃而解。

4.景区英文标识数量调查

景区英文标识数量也是方便国外游客的重要方面。下面是对这一方面的调查情况。

（1）关于曲阜"三孔"景区英文旅游标识数量问题，认为"缺乏"和"很缺乏"的游客占到32%，表明景区的英文旅游标识数量还不够充足。有2名游客提出建议，"需要更多的英语翻译内容"，就是这一问题的突出反映。

（2）关于能否根据英文标识很容易地找到诸如商店、旅馆、洗手间及各个景点的位置，仅有8%的游客选择"不容易"，且无人选择"很不容易"，表明国外游客对此满意度较高。

英文标识数量多，能够让游客比较顺利地找到需要查找的地方，是作为旅游景区必须要做大的方面。以上调查表明，曲阜"三孔"景区在这方面做得较好，但仍有不足，需要继续增加此类标识的数量，满足国外游客需要。

5.景点涉外旅游文化氛围调查

传播儒家文化，形成浓厚的儒家文化氛围，是景区和景点所有工作和服务

①杨红英：《旅游景点翻译的规范化研究——陕西省地方标准〈公共场所公示语英文译写规范：旅游〉的编写启示》，载于《中国翻译》2011年第4期，第66页。

人员的责任，包括导游、售票员、检票员、旅游大巴司机、公交车和出租车司机、景区服务员、商店售货员、饭店服务人员及景区清洁工等。

游客对"景区人员介绍孔子思想或儒家文化频率"做了选择，数据如表7-1所示。

表7-1　景区人员介绍孔子思想或儒家文化频率

项目	A.非常频繁	B.频繁	C.一般	D.较少	E.没有	合计
份数	0	63	70	64	69	266
占比	0%	24%	26%	24%	26%	100%

从表7-1可知，选择"较少"和"没有"的游客比例之和高达50%，可见景区的儒家文化氛围不够浓厚，景区工作人员对传播儒家文化没有尽心。国外游客来曲阜"三孔"景区，不乏有人是为了猎奇或开阔眼界，但这肯定是对其传播儒家文化的极佳机会。如果在国外游客旅游过程中，把实物景点介绍和传奇轶事作为介绍重点，就是舍本逐末了。

游客对"在曲阜市能否很容易地找到英文版的孔子学说"这一问题的选择如表7-2所示。

表7-2　曲阜市英文版孔子学说的可得性

项目	A.非常容易	B.容易	C.一般	D.困难	E.很困难	合计
份数	21	77	78	76	14	266
占比	8%	29%	29%	29%	5%	100%

从上面数据看，选择"困难"和"很困难"的国外游客比例共为34%，这一比例不能算低，因为这是在儒家文化景区。英文版孔子学说是对外传播儒家文化的重要工具，一定要加大这种版本的出版和发行工作，让国外游客能很容易地购买或接触到，为儒家文化对外传播提供便利。

三、研究结论及建议

以上数据表明，国外入境游客对曲阜"三孔"景区的英语语言服务总体较为满意。为国外游客提供好的外语服务，主要目的有三：第一，为游客服务是旅游景点的固有责任，无论是对国内游客还是国外游客都应一视同仁，都要以最佳状态和质量为他们做好服务。第二，良好的语言服务会带给国外游客以热情好客的良好印象，体现儒家"好客"精神，为儒家文化对外传播提供有利条件。第三，在语言服务中可以直接开展儒家文化对外传播。语言服务即是交流过程，可以顺便开展儒家文化传播，语言服务质量和态度能在一定程度上为传播带来便利，也更容易为国外游客所接受。有研究表明，游客的旅游体验对他们的行为目的会产生积极的正面影响①，因此，做好国外游客的语言服务对曲阜"三孔"景区的儒家文化对外传播将产生重大影响，这不仅关系到曲阜"三孔"景区的名誉和声望，也关系到中国文化"走出去"国家战略的顺利实施。

为此，在本次调查中暴露出的不足，要逐步加以改正和完善。特别是作为儒家文化景区，包括导游在内的景区服务人员，对儒家文化的传播力度不够、国外游客获得英文版孔子学说也不够便利的问题，要及时加以解决。本研究分析认为，利益是导致这些问题产生的根本原因。无利可图时，传播主体对儒家文化进行传播的动力就会不足。这不是指服务人员的格调不够，毕竟人人都需要获得一定的生活。因此，只对服务人员进行指责和批评，是难以达到目的的，必须从根本上下手。比如对传播儒家文化的人员实行适当奖励，对出版销售儒家文化图书资料的人员实施奖励性补贴，将会大大提高他们传播儒家文化的积极性。目前在"三孔景区"实行的"背诵论语免费游'三孔'"活动，对推动儒家文化国内传播起到了较好的作用，如果能在国外游客中也实行"以外语背诵论语免费游览'三孔'活动"，也许会达到意想不到的儒家文化传播效果。

对调查中出现的宾馆饭店服务人员语言服务水平不高，可以采取人员培训和宾馆饭店定点接待国外游客等方式加以解决。对部分景点的英文标识翻译不够准确的问题，可以聘请专家加以审核和修正，做到语言地道，避免歧义和麻烦。

该调查以曲阜市"三孔"景区为例，但儒家文化传播不仅仅是该景区的责任，全国各地景区也都有责任。本调查中关于曲阜"三孔"景区对国外游客的语言服务方面体现出来的优势和不足，对其他景区都有借鉴意义。希望各地景区都能从国家文化战略出发，做好国外游客的语言接待服务工作，体现儒家文化的美好，实现儒家文化的快速对外传播，为建立各国之间的信任添砖加瓦，为实现中华民族的伟大复兴做出应有的贡献。

---

① Chen Ching-Fu, Chen Fu-Shian. Experience quality, perceived value, satisfaction and behavioral intentions for heritage tourists. Tourism Management, 2010：29-35.

四、结语

通过调查曲阜"三孔"景区欧美游客对儒家文化的认知状况和路径，本研究达到了两个关键目标。一是了解到了欧美游客对儒家文化的认知状况，认为多数欧美已经对儒家文化有了初步了解，并且愿意与他人分享自己的儒家文化知识，尽管他们对儒家文化的了解深度有限。据此，本研究认为，借助欧美游客传播儒家文化具有可行性，而且能够避免"文化侵略"之类的无端指责，具有极大的现实意义。二是根据欧美游客了解儒家文化的渠道，反推得出儒家文化对外传播路径的构想。关注这些构想路径，并加大对这些路径的投入和支持，有望把这些路径构想变为现实路径，实现儒家文化对外传播路径多元化。

另外，通过了解儒家文化在西方国家特别是美国的传播情况以及西方文化语境中的孔子形象，知悉儒家文化在西方国家传播的复杂性和面临的困难。令人欣喜的是，在纷繁复杂的观点中，始终有明智之士秉持人类需要文化交流的宝贵理念，为儒家文化的西方传播奔走呼号，为更大范围的人类文明互鉴奠定了基础。

参 考 文 献

[1] 孙英春.跨文化传播学导论［M］.北京：北京大学出版社，2008.

[2] 韩晓燕.新媒体环境下优秀传统文化传播机制研究［M］.北京：经济日报出版社，2019.

[3] ［美］爱德华·霍尔.无声的语言［M］.刘建荣，译.上海：上海人民出版社，1991.

[4] ［英］雷蒙德·弗思.人文类型［M］.费孝通，译.北京：华夏出版社，2002.

[5] ［美］弗兰克·古德诺.解析中国［M］.蔡向阳，等译.北京：国际文化出版公司，1998.

[6] 杨伯峻，译注.论语［M］.北京：中华书局，2006.

[7] 蒙培元.蒙培元讲孔子［M］.北京：北京大学出版社，2005.

[8] 严建强.十八世纪中国文化在西欧的传播及其反应［M］.北京：中国美术学院出版社，2002.

[9] 单波，刘欣雅.国家形象与跨文化传播［M］.北京：社会科学文献出版社，2017.

[10] 成积春.孔子与儒家文化［M］.呼和浩特：内蒙古人民出版社，2011.

[11] 郭晋杰.湛江国际旅游资源开发和旅游服务质量的研究［J］.旅游学刊，2001(1)：54-57.

[12] 何洋.辜鸿铭《论语》英译本研究［J］.重庆科技学院学报（社会科学版），2015(6):85-87.

[13] 何刚强.文质颉颃，各领风骚——对《论语》两个海外著名英译本的技术评鉴［J］.中国翻译，2007(4)：77-82.

[14] 张涛.孔子在美国［M］.北京：北京大学出版社，2011.

[15] 邓启铜.论语［M］.南京：东南大学出版社，2013.

[16] 张盈.浅析《论语》中"天"的意义［J］.吉林省教育学院学报，2017(7):128-130.

[17] 夏丽志.天道人性显于语言——《圣经》与《论语》语言观的对比 [J].齐鲁学刊，2006(3):23-27.

[18] 钱穆.人生十论 [M].桂林：广西师范大学出版社，2004.

[19] 朱仁夫，魏维贤，王立礼.儒学国际传播 [M].北京：中国社会科学出版社，2004.

[20] 梁碧莹.艰难的外交——晚清中国驻美公使研究 [M].天津：天津古籍出版社，2004.

[21] 蔡德贵.试论美国的儒家学派 [J].中国人民大学学报，2004(5)：79-85.

[22] 程志华.由"儒学在美国"到"美国的儒学"：百年美国儒学发展脉络 [J].深圳大学学报（人文社会科学版），2017(3):5-16.

[23] 唐淑宏.孔子学院发展中面临的问题与对策 [J].沈阳师范大学学报（社会科学版），2011(6):142-144.

[24] 詹春燕，李曼娜.孔子学院的可持续性发展：指标、模式与展望 [J].华南师范大学学报（社会科学版），2014(5)：78-82.

[25] 许雷.从传教士到汉学家：西方镜像下的孔子形象衍变 [J].文艺争鸣，2018(12)：187-192.

[26] 伏尔泰.风俗论 [M].梁守锵，译.北京：商务印书馆，2017.

[27] ［美］卫三畏.中国总论 [M].陈俱，译.上海：上海古籍出版社，2005.

[28] 李海燕.当前我国与欧美主要国家国民阅读现状之比较研究 [J].山东图书馆学刊，2009(5):97-100.

[29] 陈薇.传统儒家文化模因西方传播的异化趋势研究 [J].湖北社会科学，2014(7):111-113.

[30] 邱凌.儒家思想在西方国家的公众认知与传播现状 [J].对外传播，2015(6):10-12.

[31] 赵丹.儒家典籍海外传播的文化自觉和受众意识 [J].湖北社会科学，2014(2):93-95.

[32] 臧丽娜，任谦.论"齐鲁文化修学游"品牌的跨文化传播路径构建 [J].山东社会科学，2017(8):124-130.

[33] 王宁.再谈中国文化走出去:外语学科的作用 [J].中国外语，2019(2):10-12.

儒家文化对外传播路径研究——基于欧美游客认知视角